U0493647

全 国 普 法 学 习 读 本

★ ★ ★ ★ ★

>>>>>>>>>>>>>>>>>>>>>>>>>>>>>>>>>>>>>

养殖管理法律法规学习读本

畜牧养殖法律法规

■曾 朝 主编

最新农业生产法律法规读本

加大全民普法力度，建设社会主义法治文化，树立宪法法律至上、法律面前人人平等的法治理念。

——中国共产党第十九次全国代表大会《决胜全面建成小康社会 夺取新时代中国特色社会主义伟大胜利》

汕頭大學出版社

图书在版编目（CIP）数据

畜牧养殖法律法规/曾朝主编. -- 汕头：汕头大学出版社，2023.4（重印）

（养殖管理法律法规学习读本）

ISBN 978-7-5658-3523-0

Ⅰ.①畜… Ⅱ.①曾… Ⅲ.①畜牧业-农业法-中国-学习参考资料 Ⅳ.①D922.44

中国版本图书馆CIP数据核字（2018）第037632号

畜牧养殖法律法规　　　　　　　　　**XUMU YANGZHI FALÜ FAGUI**

主　　编：曾　朝
责任编辑：邹　峰
责任技编：黄东生
封面设计：大华文苑
出版发行：汕头大学出版社
　　　　　广东省汕头市大学路243号汕头大学校园内　邮政编码：515063
电　　话：0754-82904613
印　　刷：三河市元兴印务有限公司
开　　本：690mm×960mm 1/16
印　　张：18
字　　数：226千字
版　　次：2018年5月第1版
印　　次：2023年4月第2次印刷
定　　价：59.60元（全2册）

ISBN 978-7-5658-3523-0

版权所有，翻版必究
如发现印装质量问题，请与承印厂联系退换

前 言

习近平总书记指出:"推进全民守法,必须着力增强全民法治观念。要坚持把全民普法和守法作为依法治国的长期基础性工作,采取有力措施加强法制宣传教育。要坚持法治教育从娃娃抓起,把法治教育纳入国民教育体系和精神文明创建内容,由易到难、循序渐进不断增强青少年的规则意识。要健全公民和组织守法信用记录,完善守法诚信褒奖机制和违法失信行为惩戒机制,形成守法光荣、违法可耻的社会氛围,使遵法守法成为全体人民共同追求和自觉行动。"

中共中央、国务院曾经转发了中央宣传部、司法部关于在公民中开展法治宣传教育的规划,并发出通知,要求各地区各部门结合实际认真贯彻执行。通知指出,全民普法和守法是依法治国的长期基础性工作。深入开展法治宣传教育,是全面建成小康社会和新农村的重要保障。

普法规划指出:各地区各部门要根据实际需要,从不同群体的特点出发,因地制宜开展有特色的法治宣传教育坚持集中法治宣传教育与经常性法治宣传教育相结合,深化法律进机关、进乡村、进社区、进学校、进企业、进单位的"法律六进"主题活动,完善工作标准,建立长效机制。

特别是农业、农村和农民问题,始终是关系党和人民事业发展的全局性和根本性问题。党中央、国务院发布的《关于推进社会主义新农村建设的若干意见》中明确提出要"加强农村法制建设,深入开展农村普法教育,增强农民的法制观念,提高农民依法行使权利和履行义务的自觉性。"多年普法实践证明,普及法律知识,提高法制观念，增强全社会依法办事意识具有重要作用。特别是在广大农村进行普法教育，是提高全民法律素质的需要。

多年来，我国在农村实行的改革开放取得了极大成功，农村发生了翻天覆地的变化，广大农民生活水平大大得到了提高。但是，由于历史和社会等原因，现阶段我国一些地区农民文化素质还不高，不学法、不懂法、不守法现象虽然较原来有所改变，但仍有相当一部分群众的法制观念仍很淡化，不懂、不愿借助法律来保护自身权益，这就极易受到不法的侵害，或极易进行违法犯罪活动，严重阻碍了全面建成小康社会和新农村步伐。

为此，根据党和政府的指示精神以及普法规划，特别是根据广大农村农民的现状，在有关部门和专家的指导下，特别编辑了这套《全国普法学习读本》。主要包括了广大人民群众应知应懂、实际实用的法律法规。为了辅导学习，附录还收入了相应法律法规的条例准则、实施细则、解读解答、案例分析等；同时为了突出法律法规的实际实用特点，兼顾地方性和特殊性，附录还收入了部分某些地方性法律法规以及非法律法规的政策文件、管理制度、应用表格等内容，拓展了本书的知识范围，使法律法规更"接地气"，便于读者学习掌握和实际应用。

在众多法律法规中，我们通过甄别，淘汰了废止的，精选了最新的、权威的和全面的。但有部分法律法规有些条款不适应当下情况了，却没有颁布新的，我们又不能擅自改动，只得保留原有条款，但附录却有相应的补充修改意见或通知等。众多法律法规根据不同内容和受众特点，经过归类组合，优化配套。整套普法读本非常全面系统，具有很强的学习性、实用性和指导性，非常适合用于广大农村和城乡普法学习教育与实践指导。总之，是全国全民普法的良好读本。

目 录

中华人民共和国畜牧法

第一章　总　则 …………………………………………（2）
第二章　畜禽遗传资源保护 ……………………………（3）
第三章　种畜禽品种选育与生产经营 …………………（6）
第四章　畜禽养殖 ………………………………………（10）
第五章　畜禽交易与运输 ………………………………（14）
第六章　质量安全保障 …………………………………（15）
第七章　法律责任 ………………………………………（16）
第八章　附　则 …………………………………………（19）

附　录

　农业部关于促进草食畜牧业加快发展的指导意见 ……（20）
　草畜平衡管理办法 ………………………………………（31）
　蚕种管理办法 ……………………………………………（35）
　养蜂管理办法（试行） …………………………………（45）
　国务院关于促进畜牧业持续健康发展的意见 …………（50）
　农业部关于做好畜牧法贯彻实施工作的通知 …………（59）
　关于促进规模化畜禽养殖有关用地政策的通知 ………（63）
　辽宁省种畜种禽管理办法 ………………………………（67）
　菏泽市人民政府关于进一步深化发展现代畜牧业的意见 …（72）
　南阳市标准化畜牧养殖示范区建设标准 ………………（80）

种畜禽管理条例

第一章　总　则……………………………………（84）

第二章　畜禽品种资源保护………………………（85）

第三章　畜禽品种培育和审定……………………（86）

第四章　种畜禽生产经营…………………………（87）

第五章　罚　则……………………………………（88）

第六章　附　则……………………………………（89）

附　录

　　优良种畜登记规则……………………………（90）

　　畜禽标识和养殖档案管理办法………………（94）

　　畜禽遗传资源保种场保护区和基因库管理办法………（101）

　　畜禽新品种配套系审定和畜禽遗传资源鉴定办法……（111）

　　家畜遗传材料生产许可办法…………………（117）

畜禽规模养殖污染防治条例

第一章　总　则……………………………………（124）

第二章　预　防……………………………………（126）

第三章　综合利用与治理…………………………（128）

第四章　激励措施…………………………………（130）

第五章　法律责任…………………………………（131）

第六章　附　则……………………………………（133）

附　录

　　畜禽养殖污染防治管理办法…………………（134）

中华人民共和国畜牧法

中华人民共和国主席令
第二十六号

《全国人民代表大会常务委员会关于修改〈中华人民共和国计量法〉等五部法律的决定》已由中华人民共和国第十二届全国人民代表大会常务委员会第十四次会议于2015年4月24日通过，现予公布，自公布之日起施行。

中华人民共和国主席　习近平
2015年4月24日

（2005年12月29日第十届全国人民代表大会常务委员会第十九次会议通过；根据2015年4月24日中华人民共和国第十二届全国人民代表大会常务委员会第十四次会议《关于修改〈中华人民共和国计量法〉等五部法律的决定》修订）

第一章 总 则

第一条 为了规范畜牧业生产经营行为，保障畜禽产品质量安全，保护和合理利用畜禽遗传资源，维护畜牧业生产经营者的合法权益，促进畜牧业持续健康发展，制定本法。

第二条 在中华人民共和国境内从事畜禽的遗传资源保护利用、繁育、饲养、经营、运输等活动，适用本法。

本法所称畜禽，是指列入依照本法第十一条规定公布的畜禽遗传资源目录的畜禽。

蜂、蚕的资源保护利用和生产经营，适用本法有关规定。

第三条 国家支持畜牧业发展，发挥畜牧业在发展农业、农村经济和增加农民收入中的作用。县级以上人民政府应当采取措施，加强畜牧业基础设施建设，鼓励和扶持发展规模化养殖，推进畜牧产业化经营，提高畜牧业综合生产能力，发展优质、高效、生态、安全的畜牧业。

国家帮助和扶持少数民族地区、贫困地区畜牧业的发展，保护和合理利用草原，改善畜牧业生产条件。

第四条 国家采取措施，培养畜牧兽医专业人才，发展畜牧兽医科学技术研究和推广事业，开展畜牧兽医科学技术知识的教育宣传工作和畜牧兽医信息服务，推进畜牧业科技进步。

第五条 畜牧业生产经营者可以依法自愿成立行业协会，

为成员提供信息、技术、营销、培训等服务，加强行业自律，维护成员和行业利益。

第六条 畜牧业生产经营者应当依法履行动物防疫和环境保护义务，接受有关主管部门依法实施的监督检查。

第七条 国务院畜牧兽医行政主管部门负责全国畜牧业的监督管理工作。县级以上地方人民政府畜牧兽医行政主管部门负责本行政区域内的畜牧业监督管理工作。

县级以上人民政府有关主管部门在各自的职责范围内，负责有关促进畜牧业发展的工作。

第八条 国务院畜牧兽医行政主管部门应当指导畜牧业生产经营者改善畜禽繁育、饲养、运输的条件和环境。

第二章 畜禽遗传资源保护

第九条 国家建立畜禽遗传资源保护制度。各级人民政府应当采取措施，加强畜禽遗传资源保护，畜禽遗传资源保护经费列入财政预算。

畜禽遗传资源保护以国家为主，鼓励和支持有关单位、个人依法发展畜禽遗传资源保护事业。

第十条 国务院畜牧兽医行政主管部门设立由专业人员组成的国家畜禽遗传资源委员会，负责畜禽遗传资源的鉴定、评估和畜禽新品种、配套系的审定，承担畜禽遗传资源保护和利用规划论证及有关畜禽遗传资源保护的咨询工作。

第十一条 国务院畜牧兽医行政主管部门负责组织畜禽遗

传资源的调查工作，发布国家畜禽遗传资源状况报告，公布经国务院批准的畜禽遗传资源目录。

第十二条 国务院畜牧兽医行政主管部门根据畜禽遗传资源分布状况，制定全国畜禽遗传资源保护和利用规划，制定并公布国家级畜禽遗传资源保护名录，对原产我国的珍贵、稀有、濒危的畜禽遗传资源实行重点保护。

省级人民政府畜牧兽医行政主管部门根据全国畜禽遗传资源保护和利用规划及本行政区域内畜禽遗传资源状况，制定和公布省级畜禽遗传资源保护名录，并报国务院畜牧兽医行政主管部门备案。

第十三条 国务院畜牧兽医行政主管部门根据全国畜禽遗传资源保护和利用规划及国家级畜禽遗传资源保护名录，省级人民政府畜牧兽医行政主管部门根据省级畜禽遗传资源保护名录，分别建立或者确定畜禽遗传资源保种场、保护区和基因库，承担畜禽遗传资源保护任务。

享受中央和省级财政资金支持的畜禽遗传资源保种场、保护区和基因库，未经国务院畜牧兽医行政主管部门或者省级人民政府畜牧兽医行政主管部门批准，不得擅自处理受保护的畜禽遗传资源。

畜禽遗传资源基因库应当按照国务院畜牧兽医行政主管部门或者省级人民政府畜牧兽医行政主管部门的规定，定期采集和更新畜禽遗传材料。有关单位、个人应当配合畜禽遗传资源基因库采集畜禽遗传材料，并有权获得适当的经济补偿。

畜禽遗传资源保种场、保护区和基因库的管理办法由国务院畜牧兽医行政主管部门制定。

第十四条 新发现的畜禽遗传资源在国家畜禽遗传资源委员会鉴定前，省级人民政府畜牧兽医行政主管部门应当制定保护方案，采取临时保护措施，并报国务院畜牧兽医行政主管部门备案。

第十五条 从境外引进畜禽遗传资源的，应当向省级人民政府畜牧兽医行政主管部门提出申请；受理申请的畜牧兽医行政主管部门经审核，报国务院畜牧兽医行政主管部门经评估论证后批准。经批准的，依照《中华人民共和国进出境动植物检疫法》的规定办理相关手续并实施检疫。

从境外引进的畜禽遗传资源被发现对境内畜禽遗传资源、生态环境有危害或者可能产生危害的，国务院畜牧兽医行政主管部门应当商有关主管部门，采取相应的安全控制措施。

第十六条 向境外输出或者在境内与境外机构、个人合作研究利用列入保护名录的畜禽遗传资源的，应当向省级人民政府畜牧兽医行政主管部门提出申请，同时提出国家共享惠益的方案；受理申请的畜牧兽医行政主管部门经审核，报国务院畜牧兽医行政主管部门批准。

向境外输出畜禽遗传资源的，还应当依照《中华人民共和国进出境动植物检疫法》的规定办理相关手续并实施检疫。

新发现的畜禽遗传资源在国家畜禽遗传资源委员会鉴定前，不得向境外输出，不得与境外机构、个人合作研究利用。

第十七条 畜禽遗传资源的进出境和对外合作研究利用的审批办法由国务院规定。

第三章　种畜禽品种选育与生产经营

第十八条　国家扶持畜禽品种的选育和优良品种的推广使用,支持企业、院校、科研机构和技术推广单位开展联合育种,建立畜禽良种繁育体系。

第十九条　培育的畜禽新品种、配套系和新发现的畜禽遗传资源在推广前,应当通过国家畜禽遗传资源委员会审定或者鉴定,并由国务院畜牧兽医行政主管部门公告。畜禽新品种、配套系的审定办法和畜禽遗传资源的鉴定办法,由国务院畜牧兽医行政主管部门制定。审定或者鉴定所需的试验、检测等费用由申请者承担,收费办法由国务院财政、价格部门会同国务院畜牧兽医行政主管部门制定。

培育新的畜禽品种、配套系进行中间试验,应当经试验所在地省级人民政府畜牧兽医行政主管部门批准。

畜禽新品种、配套系培育者的合法权益受法律保护。

第二十条　转基因畜禽品种的培育、试验、审定和推广,应当符合国家有关农业转基因生物管理的规定。

第二十一条　省级以上畜牧兽医技术推广机构可以组织开展种畜优良个体登记,向社会推荐优良种畜。优良种畜登记规则由国务院畜牧兽医行政主管部门制定。

第二十二条　从事种畜禽生产经营或者生产商品代仔畜、雏禽的单位、个人,应当取得种畜禽生产经营许可证。

申请取得种畜禽生产经营许可证,应当具备下列条件:

（一）生产经营的种畜禽必须是通过国家畜禽遗传资源委员会审定或者鉴定的品种、配套系，或者是经批准引进的境外品种、配套系；

（二）有与生产经营规模相适应的畜牧兽医技术人员；

（三）有与生产经营规模相适应的繁育设施设备；

（四）具备法律、行政法规和国务院畜牧兽医行政主管部门规定的种畜禽防疫条件；

（五）有完善的质量管理和育种记录制度；

（六）具备法律、行政法规规定的其他条件。

第二十三条　申请取得生产家畜卵子、冷冻精液、胚胎等遗传材料的生产经营许可证，除应当符合本法第二十二条第二款规定的条件外，还应当具备下列条件：

（一）符合国务院畜牧兽医行政主管部门规定的实验室、保存和运输条件；

（二）符合国务院畜牧兽医行政主管部门规定的种畜数量和质量要求；

（三）体外授精取得的胚胎、使用的卵子来源明确，供体畜符合国家规定的种畜健康标准和质量要求；

（四）符合国务院畜牧兽医行政主管部门规定的其他技术要求。

第二十四条　申请取得生产家畜卵子、冷冻精液、胚胎等遗传材料的生产经营许可证，应当向省级人民政府畜牧兽医行政主管部门提出申请。受理申请的畜牧兽医行政主管部门应当自收到申请之日起六十个工作日内依法决定是否发给生产经营许可证。

其他种畜禽的生产经营许可证由县级以上地方人民政府畜牧兽医行政主管部门审核发放，具体审核发放办法由省级人民政府规定。

种畜禽生产经营许可证样式由国务院畜牧兽医行政主管部门制定，许可证有效期为三年。发放种畜禽生产经营许可证可以收取工本费，具体收费管理办法由国务院财政、价格部门制定。

第二十五条 种畜禽生产经营许可证应当注明生产经营者名称、场（厂）址、生产经营范围及许可证有效期的起止日期等。

禁止任何单位、个人无种畜禽生产经营许可证或者违反种畜禽生产经营许可证的规定生产经营种畜禽。禁止伪造、变造、转让、租借种畜禽生产经营许可证。

第二十六条 农户饲养的种畜禽用于自繁自养和有少量剩余仔畜、雏禽出售的，农户饲养种公畜进行互助配种的，不需要办理种畜禽生产经营许可证。

第二十七条 专门从事家畜人工授精、胚胎移植等繁殖工作的人员，应当取得相应的国家职业资格证书。

第二十八条 发布种畜禽广告的，广告主应当提供种畜禽生产经营许可证和营业执照。广告内容应当符合有关法律、行政法规的规定，并注明种畜禽品种、配套系的审定或者鉴定名称；对主要性状的描述应当符合该品种、配套系的标准。

第二十九条 销售的种畜禽和家畜配种站（点）使用的种

公畜，必须符合种用标准。销售种畜禽时，应当附具种畜禽场出具的种畜禽合格证明、动物防疫监督机构出具的检疫合格证明，销售的种畜还应当附具种畜禽场出具的家畜系谱。

生产家畜卵子、冷冻精液、胚胎等遗传材料，应当有完整的采集、销售、移植等记录，记录应当保存二年。

第三十条 销售种畜禽，不得有下列行为：

（一）以其他畜禽品种、配套系冒充所销售的种畜禽品种、配套系；

（二）以低代别种畜禽冒充高代别种畜禽；

（三）以不符合种用标准的畜禽冒充种畜禽；

（四）销售未经批准进口的种畜禽；

（五）销售未附具本法第二十九条规定的种畜禽合格证明、检疫合格证明的种畜禽或者未附具家畜系谱的种畜；

（六）销售未经审定或者鉴定的种畜禽品种、配套系。

第三十一条 申请进口种畜禽的，应当持有种畜禽生产经营许可证。进口种畜禽的批准文件有效期为六个月。

进口的种畜禽应当符合国务院畜牧兽医行政主管部门规定的技术要求。首次进口的种畜禽还应当由国家畜禽遗传资源委员会进行种用性能的评估。

种畜禽的进出口管理除适用前两款的规定外，还适用本法第十五条和第十六条的相关规定。

国家鼓励畜禽养殖者对进口的畜禽进行新品种、配套系的选育；选育的新品种、配套系在推广前，应当经国家畜禽遗传资源委员会审定。

第三十二条　种畜禽场和孵化场（厂）销售商品代仔畜、雏禽的，应当向购买者提供其销售的商品代仔畜、雏禽的主要生产性能指标、免疫情况、饲养技术要求和有关咨询服务，并附具动物防疫监督机构出具的检疫合格证明。

销售种畜禽和商品代仔畜、雏禽，因质量问题给畜禽养殖者造成损失的，应当依法赔偿损失。

第三十三条　县级以上人民政府畜牧兽医行政主管部门负责种畜禽质量安全的监督管理工作。种畜禽质量安全的监督检验应当委托具有法定资质的种畜禽质量检验机构进行；所需检验费用按照国务院规定列支，不得向被检验人收取。

第三十四条　蚕种的资源保护、新品种选育、生产经营和推广适用本法有关规定，具体管理办法由国务院农业行政主管部门制定。

第四章　畜禽养殖

第三十五条　县级以上人民政府畜牧兽医行政主管部门应当根据畜牧业发展规划和市场需求，引导和支持畜牧业结构调整，发展优势畜禽生产，提高畜禽产品市场竞争力。

国家支持草原牧区开展草原围栏、草原水利、草原改良、饲草饲料基地等草原基本建设，优化畜群结构，改良牲畜品种，转变生产方式，发展舍饲圈养、划区轮牧，逐步实现畜草平衡，改善草原生态环境。

第三十六条　国务院和省级人民政府应当在其财政预算内

安排支持畜牧业发展的良种补贴、贴息补助等资金,并鼓励有关金融机构通过提供贷款、保险服务等形式,支持畜禽养殖者购买优良畜禽、繁育良种、改善生产设施、扩大养殖规模,提高养殖效益。

第三十七条 国家支持农村集体经济组织、农民和畜牧业合作经济组织建立畜禽养殖场、养殖小区,发展规模化、标准化养殖。乡(镇)土地利用总体规划应当根据本地实际情况安排畜禽养殖用地。农村集体经济组织、农民、畜牧业合作经济组织按照乡(镇)土地利用总体规划建立的畜禽养殖场、养殖小区用地按农业用地管理。畜禽养殖场、养殖小区用地使用权期限届满,需要恢复为原用途的,由畜禽养殖场、养殖小区土地使用权人负责恢复。在畜禽养殖场、养殖小区用地范围内需要兴建永久性建(构)筑物,涉及农用地转用的,依照《中华人民共和国土地管理法》的规定办理。

第三十八条 国家设立的畜牧兽医技术推广机构,应当向农民提供畜禽养殖技术培训、良种推广、疫病防治等服务。县级以上人民政府应当保障国家设立的畜牧兽医技术推广机构从事公益性技术服务的工作经费。

国家鼓励畜禽产品加工企业和其他相关生产经营者为畜禽养殖者提供所需的服务。

第三十九条 畜禽养殖场、养殖小区应当具备下列条件:

(一)有与其饲养规模相适应的生产场所和配套的生产设施;

(二)有为其服务的畜牧兽医技术人员;

（三）具备法律、行政法规和国务院畜牧兽医行政主管部门规定的防疫条件；

（四）有对畜禽粪便、废水和其他固体废弃物进行综合利用的沼气池等设施或者其他无害化处理设施；

（五）具备法律、行政法规规定的其他条件。

养殖场、养殖小区兴办者应当将养殖场、养殖小区的名称、养殖地址、畜禽品种和养殖规模，向养殖场、养殖小区所在地县级人民政府畜牧兽医行政主管部门备案，取得畜禽标识代码。

省级人民政府根据本行政区域畜牧业发展状况制定畜禽养殖场、养殖小区的规模标准和备案程序。

第四十条 禁止在下列区域内建设畜禽养殖场、养殖小区：

（一）生活饮用水的水源保护区，风景名胜区，以及自然保护区的核心区和缓冲区；

（二）城镇居民区、文化教育科学研究区等人口集中区域；

（三）法律、法规规定的其他禁养区域。

第四十一条 畜禽养殖场应当建立养殖档案，载明以下内容：

（一）畜禽的品种、数量、繁殖记录、标识情况、来源和进出场日期；

（二）饲料、饲料添加剂、兽药等投入品的来源、名称、使用对象、时间和用量；

（三）检疫、免疫、消毒情况；

（四）畜禽发病、死亡和无害化处理情况；

（五）国务院畜牧兽医行政主管部门规定的其他内容。

第四十二条　畜禽养殖场应当为其饲养的畜禽提供适当的繁殖条件和生存、生长环境。

第四十三条　从事畜禽养殖，不得有下列行为：

（一）违反法律、行政法规的规定和国家技术规范的强制性要求使用饲料、饲料添加剂、兽药；

（二）使用未经高温处理的餐馆、食堂的泔水饲喂家畜；

（三）在垃圾场或者使用垃圾场中的物质饲养畜禽；

（四）法律、行政法规和国务院畜牧兽医行政主管部门规定的危害人和畜禽健康的其他行为。

第四十四条　从事畜禽养殖，应当依照《中华人民共和国动物防疫法》的规定，做好畜禽疫病的防治工作。

第四十五条　畜禽养殖者应当按照国家关于畜禽标识管理的规定，在应当加施标识的畜禽的指定部位加施标识。畜牧兽医行政主管部门提供标识不得收费，所需费用列入省级人民政府财政预算。

畜禽标识不得重复使用。

第四十六条　畜禽养殖场、养殖小区应当保证畜禽粪便、废水及其他固体废弃物综合利用或者无害化处理设施的正常运转，保证污染物达标排放，防止污染环境。

畜禽养殖场、养殖小区违法排放畜禽粪便、废水及其他固体废弃物，造成环境污染危害的，应当排除危害，依法赔偿损失。

国家支持畜禽养殖场、养殖小区建设畜禽粪便、废水及其他固体废弃物的综合利用设施。

第四十七条 国家鼓励发展养蜂业，维护养蜂生产者的合法权益。

有关部门应当积极宣传和推广蜜蜂授粉农艺措施。

第四十八条 养蜂生产者在生产过程中，不得使用危害蜂产品质量安全的药品和容器，确保蜂产品质量。养蜂器具应当符合国家技术规范的强制性要求。

第四十九条 养蜂生产者在转地放蜂时，当地公安、交通运输、畜牧兽医等有关部门应当为其提供必要的便利。

养蜂生产者在国内转地放蜂，凭国务院畜牧兽医行政主管部门统一格式印制的检疫合格证明运输蜂群，在检疫合格证明有效期内不得重复检疫。

第五章　畜禽交易与运输

第五十条 县级以上人民政府应当促进开放统一、竞争有序的畜禽交易市场建设。

县级以上人民政府畜牧兽医行政主管部门和其他有关主管部门应当组织搜集、整理、发布畜禽产销信息，为生产者提供信息服务。

第五十一条 县级以上地方人民政府根据农产品批发市场发展规划，对在畜禽集散地建立畜禽批发市场给予扶持。

畜禽批发市场选址，应当符合法律、行政法规和国务院畜牧兽医行政主管部门规定的动物防疫条件，并距离种畜禽场和大型畜禽养殖场三公里以外。

第五十二条　进行交易的畜禽必须符合国家技术规范的强制性要求。

国务院畜牧兽医行政主管部门规定应当加施标识而没有标识的畜禽，不得销售和收购。

第五十三条　运输畜禽，必须符合法律、行政法规和国务院畜牧兽医行政主管部门规定的动物防疫条件，采取措施保护畜禽安全，并为运输的畜禽提供必要的空间和饲喂饮水条件。

有关部门对运输中的畜禽进行检查，应当有法律、行政法规的依据。

第六章　质量安全保障

第五十四条　县级以上人民政府应当组织畜牧兽医行政主管部门和其他有关主管部门，依照本法和有关法律、行政法规的规定，加强对畜禽饲养环境、种畜禽质量、饲料和兽药等投入品的使用以及畜禽交易与运输的监督管理。

第五十五条　国务院畜牧兽医行政主管部门应当制定畜禽标识和养殖档案管理办法，采取措施落实畜禽产品质量责任追究制度。

第五十六条　县级以上人民政府畜牧兽医行政主管部门应当制定畜禽质量安全监督检查计划，按计划开展监督抽查工作。

第五十七条　省级以上人民政府畜牧兽医行政主管部门应当组织制定畜禽生产规范，指导畜禽的安全生产。

第七章　法律责任

第五十八条　违反本法第十三条第二款规定，擅自处理受保护的畜禽遗传资源，造成畜禽遗传资源损失的，由省级以上人民政府畜牧兽医行政主管部门处五万元以上五十万元以下罚款。

第五十九条　违反本法有关规定，有下列行为之一的，由省级以上人民政府畜牧兽医行政主管部门责令停止违法行为，没收畜禽遗传资源和违法所得，并处一万元以上五万元以下罚款：

（一）未经审核批准，从境外引进畜禽遗传资源的；

（二）未经审核批准，在境内与境外机构、个人合作研究利用列入保护名录的畜禽遗传资源的；

（三）在境内与境外机构、个人合作研究利用未经国家畜禽遗传资源委员会鉴定的新发现的畜禽遗传资源的。

第六十条　未经国务院畜牧兽医行政主管部门批准，向境外输出畜禽遗传资源的，依照《中华人民共和国海关法》的有关规定追究法律责任。海关应当将扣留的畜禽遗传资源移送省级人民政府畜牧兽医行政主管部门处理。

第六十一条　违反本法有关规定，销售、推广未经审定或者鉴定的畜禽品种的，由县级以上人民政府畜牧兽医行政主管部门责令停止违法行为，没收畜禽和违法所得；违法所得在五万元以上的，并处违法所得一倍以上三倍以下罚款；没有违法所得或者违法所得不足五万元的，并处五千元以上五万元以下罚款。

第六十二条 违反本法有关规定，无种畜禽生产经营许可证或者违反种畜禽生产经营许可证的规定生产经营种畜禽的，转让、租借种畜禽生产经营许可证的，由县级以上人民政府畜牧兽医行政主管部门责令停止违法行为，没收违法所得；违法所得在三万元以上的，并处违法所得一倍以上三倍以下罚款；没有违法所得或者违法所得不足三万元的，并处三千元以上三万元以下罚款。违反种畜禽生产经营许可证的规定生产经营种畜禽或者转让、租借种畜禽生产经营许可证，情节严重的，并处吊销种畜禽生产经营许可证。

第六十三条 违反本法第二十八条规定的，依照《中华人民共和国广告法》的有关规定追究法律责任。

第六十四条 违反本法有关规定，使用的种畜禽不符合种用标准的，由县级以上地方人民政府畜牧兽医行政主管部门责令停止违法行为，没收违法所得；违法所得在五千元以上的，并处违法所得一倍以上二倍以下罚款；没有违法所得或者违法所得不足五千元的，并处一千元以上五千元以下罚款。

第六十五条 销售种畜禽有本法第三十条第一项至第四项违法行为之一的，由县级以上人民政府畜牧兽医行政主管部门或者工商行政管理部门责令停止销售，没收违法销售的畜禽和违法所得；违法所得在五万元以上的，并处违法所得一倍以上五倍以下罚款；没有违法所得或者违法所得不足五万元的，并处五千元以上五万元以下罚款；情节严重的，并处吊销种畜禽生产经营许可证或者营业执照。

第六十六条 违反本法第四十一条规定，畜禽养殖场未建立养殖档案的，或者未按照规定保存养殖档案的，由县级以上人民政府畜牧兽医行政主管部门责令限期改正，可以处一万元以下罚款。

第六十七条 违反本法第四十三条规定养殖畜禽的，依照有关法律、行政法规的规定处罚。

第六十八条 违反本法有关规定，销售的种畜禽未附具种畜禽合格证明、检疫合格证明、家畜系谱的，销售、收购国务院畜牧兽医行政主管部门规定应当加施标识而没有标识的畜禽的，或者重复使用畜禽标识的，由县级以上地方人民政府畜牧兽医行政主管部门或者工商行政管理部门责令改正，可以处二千元以下罚款。

违反本法有关规定，使用伪造、变造的畜禽标识的，由县级以上人民政府畜牧兽医行政主管部门没收伪造、变造的畜禽标识和违法所得，并处三千元以上三万元以下罚款。

第六十九条 销售不符合国家技术规范的强制性要求的畜禽的，由县级以上地方人民政府畜牧兽医行政主管部门或者工商行政管理部门责令停止违法行为，没收违法销售的畜禽和违法所得，并处违法所得一倍以上三倍以下罚款；情节严重的，由工商行政管理部门并处吊销营业执照。

第七十条 畜牧兽医行政主管部门的工作人员利用职务上

的便利，收受他人财物或者谋取其他利益，对不符合法定条件的单位、个人核发许可证或者有关批准文件，不履行监督职责，或者发现违法行为不予查处的，依法给予行政处分。

第七十一条　违反本法规定，构成犯罪的，依法追究刑事责任。

第八章　附　　则

第七十二条　本法所称畜禽遗传资源，是指畜禽及其卵子（蛋）、胚胎、精液、基因物质等遗传材料。

本法所称种畜禽，是指经过选育、具有种用价值、适于繁殖后代的畜禽及其卵子（蛋）、胚胎、精液等。

第七十三条　本法自2006年7月1日起施行。

附 录

农业部关于促进草食畜牧业加快发展的指导意见

农牧发〔2015〕7号

各省、自治区、直辖市及计划单列市畜牧兽医（农业、农牧）局（厅、委、办），新疆生产建设兵团畜牧兽医局：

草食畜牧业是现代畜牧业和现代农业的重要组成部分。近年来，在市场拉动和政策驱动下，我国草食畜牧业呈现出加快发展的良好势头，综合生产能力持续提升，标准化规模养殖稳步推进，有效保障了牛羊肉、乳制品等草食畜产品市场供给。但是，草食畜牧业生产基础比较薄弱，发展方式相对落后，资源环境约束不断加剧，产业发展面临诸多制约和挑战。为适应农业"转方式、调结构"的需要，促进草食畜牧业持续健康发展，现提出以下意见。

一、充分认识发展草食畜牧业的重要意义

（一）发展草食畜牧业是推进农业结构调整的必然要求。发展草食畜牧业是优化农业结构的重要着力点，既有利于促进粮经饲三元种植结构协调发展，形成粮草兼顾、农牧结合、循环发展的新型种养结构，又能解决地力持续下降和草食畜禽养殖饲草料资源不足的问题，促进种植业和养殖业有效配套衔接，延长产业链，提升产业素质，提高综合效益。

（二）发展草食畜牧业是适应消费结构升级的战略选择。草食畜产品是重要的"菜篮子"产品，牛羊肉更是国内穆斯林群众的生活必需品。随着人口增长、城镇化进程加快、城乡居民畜产品消费结构升级，草食畜产品消费需求仍将保持较快增长。缓解草食畜产品供需矛盾，必须大力发展草食畜牧业。

（三）发展草食畜牧业是实现资源综合利用和农牧业可持续发展的客观需要。发展草食畜牧业，不仅有助于充分利用我国丰富的农作物秸秆资源和其它农副产品，减少资源浪费和环境污染，而且是实现草原生态保护、牧业生产发展、牧民生活改善的有效途径。

二、总体要求

（四）指导思想

全面贯彻落实党中央、国务院加快农业"转方式、调结构"的决策部署，以肉牛、肉羊、奶牛为重点，兼顾其他特色草食畜禽，以转变发展方式为主线，以提高产业效益和素质为核心，坚持种养结合，优化区域布局，加大政策扶持，强化科技人才支撑，推动草食畜牧业可持续集约发展，不断提高草食畜牧业综合生产能力和市场竞争能力，切实保障畜产品市场有效供给。

（五）基本原则

——坚持因地制宜，分区施策。遵循产业发展规律，结合农区、牧区、半农半牧区和垦区的特点，统筹考虑资源、环境、消费等因素，科学确定主导品种、空间布局和养殖规模，大力发展适度规模标准化养殖，探索各具特色的草食畜牧业可持续发展模式。

——坚持农牧结合，良性循环。实施国家粮食安全战略，在抓好粮食安全保障能力建设的基础上，合理调整种植结构，优化土地资源配置，发展青贮饲料作物和优质牧草，培肥地力，增草增畜，促进种养业协调发展。

——坚持市场主导，政策助力。发挥市场在资源配置中的决定性作用，激发各类市场主体发展活力。加大良种繁育体系建设、适度规模标准化养殖、基础母畜扩群、农牧结合模式创新等关键环节的政策扶持，更好发挥政府引导作用。

——坚持机制创新，示范引领。完善草食畜牧业各环节利益联结机制，建立合作互助、风险共担、利益共赢的长效发展机制。加大对养殖大县和优势产业集聚区、加工企业的支持力度，形成龙头企业带动、养殖基地支撑、全产业链发展的良性机制，更好发挥产业集聚效应。

——坚持国内为主，进口补充。落实地方政府保障草食畜产品供应的责任，牛羊肉应立足国内，确保牧区基本自给和全国市场有效供给；奶类应稳定奶源供给，适当进口，满足市场多元化需求。

(六) 主要目标

到 2020 年,草食畜牧业综合生产能力进一步增强,牛羊肉总产量达到 1300 万吨以上,奶类总产量达到 4100 万吨以上;生产方式加快转变,多种形式的新型经营主体加快发展,肉牛年出栏 50 头以上、肉羊年出栏 100 只以上规模养殖比重达到 45% 以上,奶牛年存栏 100 头以上规模养殖比重达到 60% 以上;饲草料供应体系和抗灾保畜体系基本建立,秸秆饲用量达到 2.4 亿吨以上,青贮玉米收获面积达到 3500 万亩以上,保留种草面积达到 3.5 亿亩,其中苜蓿等优质牧草面积达到 60% 以上。

三、优化种养结构

(七) 完善农牧结合的养殖模式。贯彻《全国牛羊肉生产发展规划 (2013—2020 年)》,以优势区域为重点,形成资源高效利用、生产成本可控的养殖模式。在草原牧区坚持生态优先,推行草畜平衡制度,发展人工种草,建设标准化暖棚,推行半舍饲养殖;在农牧交错带实施草原改良、退耕还草、草田轮作,建立"牧繁农育"和"户繁企育"为主的养殖模式;在传统农区优化调整农业结构,发展青贮玉米和优质饲草种植,建立"自繁自育"为主的养殖模式,提升标准化规模养殖水平;在南方草山草坡地区,推进天然草地改良,利用冬闲田种草,发展地方特色养殖。实施牛羊养殖大县奖励补助政策,调动地方发展草食畜产品生产积极性,建成一批养殖规模适度、生产水平高、综合竞争力强的养殖基地。

(八) 建立资源高效利用的饲草料生产体系。推进良种良法配套，大力发展饲草料生产。支持青贮玉米、苜蓿、燕麦、甜高粱等优质饲草料种植，鼓励干旱半干旱区开展粮草轮作、退耕种草。继续实施振兴奶业苜蓿发展行动，保障苜蓿等优质饲草料供应。加大南方地区草山草坡开发利用力度，推行节水高效人工种草，推广冬闲田种草和草田轮作。加快青贮专用玉米品种培育推广，加强粮食和经济作物加工副产品等饲料化处理和利用，扩大饲料资源来源。在农区、牧区以及垦区和现代农业示范区、农村改革试验区，开展草牧业发展试验试点。在玉米、小麦种植优势带，开展秸秆高效利用示范，支持建设标准化青贮窖，推广青贮、黄贮和微贮等处理技术，提高秸秆饲料利用率。在东北黑土区等粮食主产区和雁北、陕北、甘肃等农牧交错带开展粮改饲草食畜牧业发展试点，建立资源综合利用的循环发展模式，促进农牧业协调发展。

（九）积极发展地方特色产业。加强市场规律和消费趋势研究，积极发展地方特色优势草食畜产品。实施差异化发展战略，加大市场开拓力度，降低价格大幅波动风险。加大地方品种资源保护支持力度，选择性能突出、适应性强、推广潜力大的品种持续开展本品种选育，提高地方品种生产性能。支持地方优势特色资源开发利用，鼓励打造具有独特风味的高端牛羊肉和乳制品品牌。积极发展兔、鹅、绒毛用羊、马、驴等优势特色畜禽生产，加强品种繁育、规模养殖和产品加工先进技术研发、集成和推广，提升产业化发展水平，增强产业竞争力。

四、推进发展方式转变

（十）大力发展标准化规模养殖。扩大肉牛肉羊标准化规模养殖项目实施范围，支持适度规模养殖场改造升级，逐步推进标准化规模养殖。加大对中小规模奶牛标准化规模养殖场改造升级，促进小区向牧场转变。扩大肉牛基础母牛扩群增量项目实施范围，发展农户适度规模母牛养殖，支持龙头企业提高母牛养殖比重，积极推进奶公犊育肥，逐步突破母畜养殖的瓶颈制约，稳固肉牛产业基础。鼓励和支持企业收购、自建养殖场，养殖企业自建加工生产线，增强市场竞争能力和抗风险能力。继续深入开展标准化示范创建活动，完善技术标准和规范，推广具有一定经济效益的养殖模式，提高标准化养殖整体水平。研发肉牛肉羊舍饲养殖先进实用技术和工艺，加强配套集成，形成区域主导技术模式，推动牛羊由散养向适度规模转变。

（十一）加快草食家畜种业建设。深入实施全国肉牛、肉羊遗传改良计划，优化草食种畜禽布局，以核心育种场为载体，支持开展品种登记、生产性能测定、遗传评估等基础工作，加快优良品种培育进程，提升自主供种能力。加强奶牛遗传改良工作，补贴优质胚胎引进，提升种公牛自主培育能力，建设一批高产奶牛核心群，逐步改变良种奶牛依靠进口的局面。健全良种繁育体系，加大畜禽良种工程项目支持力度，加强种公牛站、种畜场、生产性能测定中心建设，提高良种供应能力。继续实施畜牧良种补贴项目，推动育种场母畜补贴，有计划地组织开展杂交改良，提高商品牛羊肉用性能。

（十二）加快草种保育扩繁推一体化进程。加强野生牧草种质资源的收集保存，筛选培育一批优良牧草新品种。组织开展牧草品种区域试验，对新品种的适应性、稳定性、抗逆性等进行评定，完善牧草新品种评价测试体系。加强牧草种子繁育基地建设，扶持一批育种能力强、生产加工技术先进、技术服务到位的草种企业，着力建设一批专业化、标准化、集约化的优势牧草种子繁育推广基地，不断提升牧草良种覆盖率和自育草种市场占有率。加强草种质量安全监管，规范草种市场秩序，保障草种质量安全。

（十三）着力培育新型经营主体。支持专业大户、家庭牧场等建立农牧结合的养殖模式，合理确定养殖规模和数量，提高养殖水平和效益，促进农牧循环发展。鼓励养殖户成立专业合作组织，采取多种形式入股，形成利益共同体，提高组织化程度和市场议价能力。推动一、二、三产业深度融合发展。引导产业化龙头企业发展，整合优势资源，创新发展模式，发挥带动作用，推进精深加工，提高产品附加值。完善企业与农户的利益联结机制，通过订单生产、合同养殖、品牌运营、统一销售等方式延伸产业链条，实现生产与市场的有效对接，推进全产业链发展。鼓励电商等新型业态与草食畜产品实体流通相结合，构建新型经营体系。

（十四）提高物质装备水平。加大对饲草料加工、畜牧饲养、废弃物处理、畜产品采集初加工等草畜产业农机具的补贴力度。研发推广适合专业大户和家庭牧场使用的标准化设施养殖工程技术与配套装备，降低劳动强度，提高养殖效益。积极开展畜牧业机械化技术培训，支持开展相关农机社会化服务。重点推广天然草原改良复壮机械化、人工草场生态种植及精密播种机械化、高质饲料收获干燥及制备机械化等技术，提高饲草料质量和利用效率。在大型标准化规模养殖企业推广智能化环境调控、精准化饲喂、资源化粪污利用、无害化病死动物处理等技术，提高劳动生产率。

（十五）促进粪污资源化利用。综合考虑土地、水等环境承载能力，指导地方科学规划草食畜禽养殖结构和布局，大力发展生态养殖，推动建设资源节约、环境友好的新型草食畜牧业。贯彻落实《畜禽规模养殖污染防治条例》，加强草食畜禽养殖废弃物资源化利用的技术指导和服务，因地制宜、分畜种指导推广投资少、处理效果好、运行费用低的粪污处理与利用模式。实施农村沼气工程项目，支持大型畜禽养殖企业建设沼气工程和规模化生物天然气工程。继续实施畜禽粪污等农业农村废弃物综合利用项目，支持草食畜禽规模养殖场粪污处理利用设施建设。积极开展有机肥使用试验示范和宣传培训，大力推广有机肥还田利用。

五、提升支撑能力

（十六）强化金融保险支持。构建支持草食畜牧业发展的政策框架体系，在积极发挥财政资金引导作用的基础上，探索采用信贷担保、贴息等方式引导和撬动金融资本支持草食畜牧业发展。适当加大畜禽标准化养殖项目资金，并逐步将直接补贴调整为贷款担保奖补和贴息，推动解决规模养殖场户贷款难题。积极争取金融机构的信贷支持，合理确定贷款利率,引导社会资本进入,为草食畜牧业发展注入强大活力。建立多元化投融资机制,创新信用担保方式,完善农户小额信贷和联保贷款等制度,支持适度扩大养殖规模,提高抵御市场风险的能力。继续实施奶牛政策性保险,探索建立肉牛肉羊保险制度,逐步扩大保险覆盖面,提高风险保障水平。

(十七)加强科技人才支撑服务。整合国家产业技术体系和科研院所力量,以安全高效养殖、良种繁育、饲草料种植等核心技术为重点,加强联合攻关和先进技术研发。加快培养草食畜牧业科技领军人才和创新团队,开展技能服务型和生产经营型农村实用人才培训。完善激励机制,鼓励科研教学人员深入生产一线从事技术推广服务,促进科技成果转化。加强基层畜牧草原推广体系和检验检测能力建设,发挥龙头企业和专业合作组织的辐射带动作用,推广人工授精、早期断奶、阶段育肥、疫病防控等先进实用技术,提高生产水平。加快精料补充料和开食料等牛羊专用饲料的研发,降低饲喂成本,提高饲料转化效率。加强对基层技术推广骨干和新型经营主体饲养管理技术的培训,提升科学养畜水平。

(十八)加大疫病防控力度。围绕实施国家中长期规划,切实加强口蹄疫等重大动物疫病防控,落实免疫、监测、检疫监管等各项关键措施。加强布鲁氏菌病、结核病、包虫病等主要人畜共患病防控。指导开展种牛、种羊场疫病监测净化工作。统筹做好奶牛乳房炎等常见病的防治,加强养殖场综合防疫管理,健全卫生防疫制度,强化环境消毒和病死畜禽无害化处理，不断提高生物安全水平，降低发病率和死亡率。加强肉牛肉羊屠宰管理，强化检疫监管。加强养殖用药监管，督促、指导养殖者规范用药，严格执行休药期等安全用药规定。

（十九）营造良好市场环境。加强生产监测和信息服务，及时发布产销信息，引导养殖场户适时调整生产规模，优化畜群结构。加强消费引导和品牌推介，支持开展无公害畜产品、绿色食品、有机畜产品和地理标志产品认证，打造草食畜产品优势品牌，提升优势产品的市场占有率。支持屠宰加工龙头企业建立稳定的养殖基地，加强冷链设施建设，开展网络营销，降低流通成本。鼓励地方建立原料奶定价机制和第三方检测体系，完善购销合同，探索种、养、加一体化发展路径。支持建设区域性活畜交易市场和畜产品专业市场，鼓励经纪人和各类营销组织参与畜产品流通，推动实现畜产品优质优价。支持行业协会发展，发挥其在行业自律、权益保障、市场开拓等方面的作用。

（二十）统筹利用两个市场两种资源。加强草食畜产品国际市场调研分析，在确保质量安全并满足国内检疫规定的前提下，逐步实现进口市场多元化，满足不同层次的消费需求。加强草食畜产品进口监测预警，研究制定草食畜产品国际贸易调控策略和预案，推动建立草食畜产品进口贸易损害补偿制度，维护国内生产者利益。支持企业到境外建设牛羊肉生产、加工基地和奶源基地，推动与周边重点国家合作建设无规定疫病区。

当前，我国草食畜牧业发展迎来了难得的历史机遇。各地要把思想和行动统一到中央关于农业发展"转方式、调结构"的要求上来，乘势而上，主动作为，创新发展机制，突破瓶颈制约，努力促进草食畜牧业持续健康发展。

农业部

2015 年 5 月 4 日

草畜平衡管理办法

中华人民共和国农业部令

第 48 号

《草畜平衡管理办法》业经 2005 年 1 月 7 日农业部第 2 次常务会议审议通过，现予公布，自 2005 年 3 月 1 日起施行。

农业部部长
二〇〇五年一月十九日

第一条 为了保护、建设和合理利用草原，维护和改善生态环境，促进畜牧业可持续发展，根据《中华人民共和国草原法》，制定本办法。

第二条 在中华人民共和国境内利用草原从事畜牧业生产经营活动的单位和个人，应当遵守本办法。

第三条 国家对草原实行草畜平衡制度。

本办法所称草畜平衡，是指为保持草原生态系统良性循环，在一定时间内，草原使用者或承包经营者通过草原和其他途径获取的可利用饲草饲料总量与其饲养的牲畜所需的饲草饲料量保持动态平衡。

第四条 开展草畜平衡工作应当坚持以下原则：

（一）加强保护，促进发展；

（二）以草定畜，增草增畜；

（三）因地制宜，分类指导；

（四）循序渐进，逐步推行。

第五条 农业部主管全国草畜平衡监督管理工作。

县级以上地方人民政府草原行政主管部门负责本行政区域内的草畜平衡监督管理工作。

县级以上人民政府草原行政主管部门设立的草原监督管理机构负责草畜平衡的具体工作。

第六条 县级以上人民政府草原行政主管部门应当加强草畜平衡的宣传教育培训，普及草畜平衡知识，推广草畜平衡技术，实现草原资源的永续利用。

第七条 县级以上人民政府草原行政主管部门应当加强草原保护建设，稳定和提高草原生产能力；支持、鼓励和引导农牧民实施人工种草，储备饲草饲料，改良牲畜品种，推行舍饲圈养，加快畜群周转，降低天然草原的放牧强度。

第八条 农业部根据全国草原的类型、生产能力、牲畜可采食比例等基本情况，制定并公布草原载畜量标准。

第九条 省级或地（市）级人民政府草原行政主管部门应当根据农业部制定的草原载畜量标准，结合当地实际情况，制定并公布本行政区域不同草原类型的具体载畜量标准，同时报农业部备案。

第十条 县级人民政府草原行政主管部门应当根据农业部制定的草原载畜量标准和省级或地（市）级人民政府草原行政主管部门制定的不同草原类型具体载畜量标准，结合草原使用者或承包经营者所使用的天然草原、人工草地和饲草饲料基地前五年平均生产能力,核定草原载畜量,明确草原使用者或承包经营者的牲畜饲养量。

草畜平衡核定每五年进行一次。

草原使用者或承包经营者对核定的草原载畜量有异议的,可以自收到核定通知之日起30日内向县级人民政府草原行政主管部门申请复核一次,县级人民政府草原行政主管部门应当在30日内作出复核决定。

第十一条 县级以上人民政府草原行政主管部门制定草原载畜量标准或者核定草原载畜量时,应当充分听取草原使用者和承包经营者的意见,组织专家进行论证,确保草原载畜量标准和草原载畜量核定决定的科学性和合理性。

第十二条 县级以上地方人民政府草原行政主管部门应当建立草畜平衡管理档案。

县级人民政府草原行政主管部门应当与草原使用者或承包经营者签订草畜平衡责任书,载明以下事项:

(一)草原现状:包括草原四至界线、面积、类型、等级,草原退化面积及程度;

(二)现有的牲畜种类和数量;

(三)核定的草原载畜量;

(四)实现草畜平衡的主要措施;

(五)草原使用者或承包经营者的责任;

(六)责任书的有效期限;

(七)其他有关事项。

草畜平衡责任书文本样式由省级人民政府草原行政主管部门统一制定,报农业部备案。

第十三条　牲畜饲养量超过核定载畜量的，草原使用者或承包经营者应当采取以下措施，实现草畜平衡：

（一）加强人工饲草饲料基地建设；

（二）购买饲草饲料，增加饲草饲料供应量；

（三）实行舍饲圈养，减轻草原放牧压力；

（四）加快牲畜出栏，优化畜群结构；

（五）通过草原承包经营权流转增加草原承包面积；

（六）能够实现草畜平衡的其他措施。

第十四条　县级以上地方人民政府草原行政主管部门应当加强草原资源动态监测工作，根据上一年度草原产草量的测定结果及对其他来源的饲草饲料量的估算，分析、预测本行政区域内当年草原载畜能力，指导草畜平衡工作。

第十五条　县级以上地方人民政府草原行政主管部门应当每年组织对草畜平衡情况进行抽查。

草畜平衡抽查的主要内容：

（一）测定和评估天然草原的利用状况；

（二）测算饲草饲料总量，即当年天然草原、人工草地和饲草饲料基地以及其他来源的饲草饲料数量之和；

（三）核查牲畜数量。

第十六条　草原使用者或承包经营者因饲草饲料量增加的，可以在原核定的载畜量基础上，相应增加牲畜饲养量。

第十七条　违反草畜平衡规定的，依照省、自治区、直辖市人民代表大会或其常务委员会的规定予以纠正或处罚。

第十八条　本办法自2005年3月1日起施行。

蚕种管理办法

中华人民共和国农业部令
第 68 号

《蚕种管理办法》已于 2006 年 6 月 15 日经农业部第 14 次常务会议审议通过，现予发布，自 2006 年 7 月 1 日起施行。

农业部部长
二〇〇六年六月二十八日

第一章 总 则

第一条 为了保护和合理利用蚕遗传资源，规范蚕种生产经营行为，维护蚕品种选育者和蚕种生产经营者、使用者的合法权益，促进蚕桑业持续健康发展，根据《中华人民共和国畜牧法》，制定本办法。

第二条 从事蚕品种资源保护、新品种选育和推广、蚕种生产经营和管理等活动，适用本办法。

本办法所称蚕种指桑蚕种和柞蚕种，包括原原母种、原原种、原种和一代杂交种；本办法所称蚕种生产包括蚕种繁育、冷藏和浸酸。

第三条 农业部负责全国蚕种的管理工作；县级以上地方

人民政府农业（蚕业）行政主管部门负责本行政区域内的蚕种管理工作。

第四条 县级以上人民政府农业（蚕业）行政主管部门应当依照《中华人民共和国畜牧法》的规定，安排资金，支持良种繁育，改善生产条件，加强蚕种场建设，促进蚕种生产健康发展。

第五条 蚕种生产、经营者可以依法自愿成立行业协会。行业协会应当为成员提供信息、技术、营销、培训等服务，加强行业自律，维护成员和行业合法权益。

第二章　蚕遗传资源保护、品种选育与审定

第六条 蚕遗传资源保护以国家为主，鼓励和支持有关单位、个人依法发展蚕遗传资源保护事业。

第七条 农业部负责组织蚕遗传资源的调查，发布国家蚕遗传资源状况报告，制定全国蚕遗传资源保护和利用规划，公布国家级蚕遗传资源保护名录。

省级人民政府农业（蚕业）行政主管部门制定和公布省级蚕遗传资源保护名录，并报农业部备案。

第八条 省级以上人民政府农业（蚕业）行政主管部门确定的蚕遗传资源保育单位（蚕种质资源库）承担蚕遗传资源保护任务。未经省级以上人民政府农业（蚕业）行政主管部门批准，不得擅自处理受保护的蚕遗传资源。

蚕遗传资源保育单位应当按照省级以上人民政府农业（蚕业）行政主管部门的有关规定，采集新增的蚕遗传材料，有关

单位和个人应当提供新增加的蚕遗传材料。

提供新增加的蚕遗传材料,有权获得适当经济补偿。

第九条 禁止除杂交一代蚕品种以外的蚕遗传资源出口。

因交换需要出口蚕遗传资源的,应当向省级人民政府农业(蚕业)行政主管部门提出申请,同时提出国家共享惠益方案。省级人民政府农业(蚕业)行政主管部门应当自受理申请之日起二十个工作日内完成审核,并报农业部批准。农业部在二十个工作日内做出审批决定,不予批准的,书面通知申请人并说明理由。

引进蚕遗传资源,应当办理检疫手续,并在引进后三十日内向农业部备案。

对外合作研究利用蚕遗传资源的,按照国务院规定的畜禽遗传资源对外合作研究利用的审批办法审批。

第十条 国家扶持蚕品种选育和优良品种推广使用,支持企业、院校、科研机构和技术推广单位开展联合育种,建立蚕良种繁育体系,推进蚕种科技进步。

第十一条 新选育的蚕品种在推广应用前应当通过国家级或者省级审定。

未经审定或者审定未通过的蚕品种,不得生产、经营或者发布广告推广。

农业部和蚕茧产区省级人民政府农业(蚕业)行政主管部门分别设立由专业人员组成的蚕品种审定委员会,负责蚕遗传资源的鉴定、评估和蚕品种的审定。

第十二条 通过国家级审定的蚕品种,由农业部公告,可以在全国适宜的生态区域推广。通过省级审定的蚕品种，由省级人民政府农业（蚕业）行政主管部门公告，可以在本行政区域内推广。相邻省、自治区、直辖市属于同一适宜生态区的地域，经所在地省级人民政府农业（蚕业）行政主管部门同意后可以引进饲养。

审定未通过的蚕品种，申请人有异议的，可以向原蚕品种审定委员会或者上一级蚕品种审定委员会申请复审。

第十三条　利用转基因技术选育的蚕品种和引进的转基因蚕遗传资源，还应当执行国家有关农业转基因生物安全管理的规定。

第十四条　新选育或者引进的蚕品种，需要在申请审定前进行小规模（每季1000张或者1000把蚕种以内）中试的，应当经试验所在地省级人民政府农业（蚕业）行政主管部门同意。

第三章　蚕种生产经营

第十五条　蚕种生产分为三级繁育（原原种、原种、一代杂交种）和四级制种（原原母种、原原种、原种、一代杂交种）。

从事蚕种生产、经营活动的，应当取得蚕种生产、经营许可证。

第十六条　申请蚕种生产许可证，应当具备下列条件：

（一）符合国家与区域蚕业发展规划要求；

（二）有与蚕种生产能力相适应的桑园（柞林）或者稳定安全的原蚕饲育区；

（三）有与蚕种生产相适应的资金和检验等设施；

（四）有与蚕种生产相适应的专业技术人员；

（五）有能够有效控制蚕微粒子病的质量保证措施；

（六）一代杂交种年生产能力5万张以上。

申请蚕种冷藏、浸酸生产许可证，应当具备与冷藏能力相适应的冷藏库房、浸酸设备仪器、场地和相关专业技术人员。

第十七条　申请蚕种经营许可证，应当具备下列条件：

（一）有与蚕种经营规模相适应的场所、资金和保藏、检验等设施；

（二）有与蚕种经营相适应的专业技术人员；

（三）经营的蚕种应当是通过审定的品种。

第十八条　申请蚕种生产、经营许可证应当向所在地县级以上地方人民政府农业（蚕业）行政主管部门提出。受理申请的行政主管部门应当自收到申请之日起二十个工作日内完成审核，并报省级人民政府农业（蚕业）行政主管部门审批。

省级人民政府农业（蚕业）行政主管部门应当自收到申请之日起二十个工作日内做出审批决定。不予批准的，应当书面通知申请者，并说明理由。

蚕种生产、经营许可证证书样式由农业部规定。

蚕种生产、经营许可证工本费按照国务院财政、价格部门的规定执行。

第十九条　蚕种生产、经营许可证有效期为三年。期满仍需继续生产、经营的，应当在有效期满前30日按原申请程序办理审批手续。

在许可证有效期内变更许可事项的，应当及时办理变更手续。

禁止伪造、变造、转让、租借蚕种生产、经营许可证。

第二十条 发布蚕种广告的，应当提供蚕种生产、经营许可证复印件。广告内容应当符合有关法律法规的规定，注明蚕品种的审定名称，文字介绍符合该品种的实际性状。

第二十一条 销售的蚕种应当经检疫、检验合格，并附具蚕种检疫合格证明、质量合格证和标签。

蚕种标签应当注明企业（种场）名称、企业（种场）地址、品种名称、期别、批次、执行标准、卵量等内容。

第二十二条 蚕种生产、经营者应当建立蚕种生产、经营档案。

蚕种生产档案应当载明品种名称、亲本来源、繁制地点、生产数量、检疫检验结果、技术与质检负责人、销售去向等内容；蚕种经营档案应当载明蚕种来源、保藏地点、质量状况、销售去向等内容。

蚕种生产、经营档案应当保存二年以上。

第二十三条 禁止销售下列蚕种：

（一）以不合格蚕种冒充合格的蚕种；

（二）冒充其他企业（种场）名称或者品种的蚕种；

（三）未附具本办法第二十一条规定的蚕种检疫证明、蚕种质量合格证和标签的蚕种。

第二十四条 禁止原原母种、原原种、原种出口。出口经过审定的一代杂交种，应当由省级人民政府农业（蚕业）行政主管部门批准,并报农业部备案。

《蚕一代杂交种出口审批表》样式,由农业部规定。

第四章 蚕种质量

第二十五条 蚕种检疫由省级以上人民政府农业(蚕业)行政主管部门确定的蚕种检验机构承担。检疫按照国家有关规定收取费用。

检疫不合格的蚕种,由县级以上地方人民政府农业(蚕业)行政主管部门监督销毁。

第二十六条 省级以上人民政府农业(蚕业)行政主管部门应当制定蚕种质量监督抽查计划并组织实施。

农业部监督抽查的品种,省级农业(蚕业)行政主管部门不得重复抽查。监督抽查不得向被抽查者收取任何费用。

承担蚕种质量检验的机构应当符合国家规定的条件,并经有关部门考核合格。

第二十七条 发生下列情形并严重影响蚕种供应的,蚕种生产者或者经营者应当及时向所在地人民政府农业(蚕业)行政主管部门报告,并采取相应措施:

(一)微粒子病等蚕病虫害爆发;

(二)遭受严重自然灾害;

(三)生产基地受到较大面积污染和农药中毒;

(四)其他可能严重影响蚕种供应的情形。

第二十八条 由于不可抗力原因,需要使用低于国家或行业标准蚕种的,应当由所在地县级以上地方人民政府农业(蚕业）行政主管部门报经同级人民政府批准后方可使用。经营者应当向使用者说明并加强技术服务。

第五章 罚 则

第二十九条 违反本办法第八条规定，擅自处理受保护的蚕遗传资源，造成蚕遗传资源损失的，由省级以上人民政府农业（蚕业）行政主管部门处一万元以上五万元以下罚款。

第三十条 未经审批开展对外合作研究利用蚕遗传资源的，由省级以上人民政府农业（蚕业）行政主管部门责令停止违法行为，没收蚕遗传资源和违法所得，并处一万元以上五万元以下罚款。

未经审批向境外提供蚕遗传资源的，依照《中华人民共和国海关法》的有关规定追究法律责任。

第三十一条 违反本办法第十一条第二款的规定，销售、推广未经审定蚕种的，由县级以上人民政府农业（蚕业）行政主管部门责令停止违法行为，没收蚕种和违法所得；违法所得在五万元以上的，并处违法所得一倍以上三倍以下罚款；没有违法所得或者违法所得不足五万元的，并处五千元以上五万元以下罚款。

未按照本办法第二十条规定发布蚕种广告宣传的，依照《中华人民共和国广告法》的有关规定追究法律责任。

第三十二条 违反本办法有关规定，无蚕种生产、经营许可证或者违反蚕种生产、经营许可证的规定生产经营蚕种，或者转让、租借蚕种生产、经营许可证的，由县级以上人民政府农业（蚕业）行政主管部门责令停止违法行为，没收违法所得；违法所得在三万元以上的，并处违法所得一倍以上三倍以下罚款；没有违法所得或者违法所得不足三万元的，并处三千元以上三万元以下罚款。违反蚕种生产、经营许可证的规定生产经营蚕种或者转让、租借蚕种生产、经营许可证，情节严重的，并处吊销蚕种生产、经营许可证。

第三十三条 销售的蚕种未附具蚕种检疫证明、质量合格证的，由县级以上地方人民政府农业（蚕业）行政主管部门责令改正，没收违法所得，可以处二千元以下罚款。

第三十四条 违反本办法第二十三条第一项至第二项规定的，由县级以上地方人民政府农业（蚕业）行政主管部门责令停止销售，没收违法销售的蚕种和违法所得；违法所得在五万元以上的，并处违法所得一倍以上五倍以下罚款；没有违法所得或者违法所得不足五万元的，并处五千元以上五万元以下罚款；情节严重的，并处吊销蚕种生产、经营许可证。

第三十五条 农业（蚕业）行政主管部门的工作人员利用职务上的便利，收受他人财物或者谋取其他利益，对不符合法定条件的单位、个人核发许可证或者有关批准文件，不履行监督职责，或者发现违法行为不予查处的，依法给予处分。

蚕种质量检验机构及其工作人员，不按要求检疫检验或者出具虚假检疫证明、检验报告的，依法给予处分。

第三十六条 蚕种生产、经营许可证被吊销的，农业（蚕业）行政主管部门自吊销许可证之日起十日内通知工商行政管理部门。被吊销许可证的蚕种生产、经营者应当依法办理工商变更登记或者注销手续。

第六章 附 则

第三十七条 本办法下列用语的含义：

（一）原原种是指供生产原种用的蚕种，原种是指供生产一代杂交种用的蚕种，一代杂交种是指用原蚕按规定组合杂交繁育的蚕种。

（二）原蚕是指由原种孵化而来的蚕，原蚕饲育区是指利用桑园与设施专门饲养原蚕的区域。

第三十八条 本办法自二〇〇六年七月一日起施行。

养蜂管理办法（试行）

中华人民共和国农业部公告

第 1692 号

养蜂业是农业的重要组成部分，对于促进农民增收、提高农作物产量和维护生态平衡具有重要意义。为进一步规范和支持养蜂行为，加强对养蜂业的管理，维护养蜂者合法权益，促进养蜂业持续健康发展，我部组织制定了《养蜂管理办法（试行）》。

特此公告。

二〇一一年十二月十三日

第一章 总 则

第一条 为规范和支持养蜂行为，维护养蜂者合法权益，促进养蜂业持续健康发展，根据《中华人民共和国畜牧法》、《中华人民共和国动物防疫法》等法律法规，制定本办法。

第二条 在中华人民共和国境内从事养蜂活动，应当遵守本办法。

第三条 农业部负责全国养蜂管理工作。

县级以上地方人民政府养蜂主管部门负责本行政区域的养蜂管理工作。

第四条　各级养蜂主管部门应当采取措施，支持发展养蜂，推动养蜂业的规模化、机械化、标准化、集约化，推广普及蜜蜂授粉技术，发挥养蜂业在促进农业增产提质、保护生态和增加农民收入中的作用。

第五条　养蜂者可以依法自愿成立行业协会和专业合作经济组织，为成员提供信息、技术、营销、培训等服务，维护成员合法权益。

各级养蜂主管部门应当加强对养蜂业行业组织和专业合作经济组织的扶持、指导和服务，提高养蜂业组织化、产业化程度。

第二章　生产管理

第六条　各级农业主管部门应当广泛宣传蜜蜂为农作物授粉的增产提质作用，积极推广蜜蜂授粉技术。

县级以上地方人民政府农业主管部门应当做好辖区内蜜粉源植物调查工作，制定蜜粉源植物的保护和利用措施。

第七条　种蜂生产经营单位和个人，应当依法取得《种畜禽生产经营许可证》。出售的种蜂应当附具检疫合格证明和种蜂合格证。

第八条　养蜂者可以自愿向县级人民政府养蜂主管部门登记备案，免费领取《养蜂证》，凭《养蜂证》享受技术培训等服务。

《养蜂证》有效期三年，格式由农业部统一制定。

第九条　养蜂者应当按照国家相关技术规范和标准进行生产。

各级养蜂主管部门应当做好养蜂技术培训和生产指导工作。

第十条 养蜂者应当遵守《中华人民共和国农产品质量安全法》等有关法律法规，对所生产的蜂产品质量安全负责。

养蜂者应当按照国家相关规定正确使用生产投入品，不得在蜂产品中添加任何物质。

第十一条 登记备案的养蜂者应当建立养殖档案及养蜂日志，载明以下内容：

（一）蜂群的品种、数量、来源；

（二）检疫、消毒情况；

（三）饲料、兽药等投入品来源、名称，使用对象、时间和剂量；

（四）蜂群发病、死亡、无害化处理情况；

（五）蜂产品生产销售情况。

第十二条 养蜂者到达蜜粉源植物种植区放蜂时，应当告知周边3000米以内的村级组织或管理单位。接到放蜂通知的组织和单位应当以适当方式及时公告。在放蜂区种植蜜粉源植物的单位和个人，应当避免在盛花期施用农药。确需施用农药的，应当选用对蜜蜂低毒的农药品种。

种植蜜粉源植物的单位和个人应当在施用农药3日前告知所在地及邻近3000米以内的养蜂者，使用航空器喷施农药的单位和个人应当在作业5日前告知作业区及周边5000米以内的养蜂者，防止对蜜蜂造成危害。

养蜂者接到农药施用作业通知后应当相互告知，及时采取安全防范措施。

第十三条　各级养蜂主管部门应当鼓励、支持养蜂者与蜂产品收购单位、个人建立长期稳定的购销关系，实行蜂产品优质优价、公平交易，维护养蜂者的合法权益。

第三章　转地放蜂

第十四条　主要蜜粉源地县级人民政府养蜂主管部门应当会同蜂业行业协会，每年发布蜜粉源分布、放蜂场地、载蜂量等动态信息，公布联系电话，协助转地放蜂者安排放蜂场地。

第十五条　养蜂者应当持《养蜂证》到蜜粉源地的养蜂主管部门或蜂业行业协会联系落实放蜂场地。

转地放蜂的蜂场原则上应当间距 1000 米以上，并与居民区、道路等保持适当距离。

转地放蜂者应当服从场地安排，不得强行争占场地，并遵守当地习俗。

第十六条　转地放蜂者不得进入省级以上人民政府养蜂主管部门依法确立的蜜蜂遗传资源保护区、保种场及种蜂场的种蜂隔离交尾场等区域放蜂。

第十七条　养蜂主管部门应当协助有关部门和司法机关，及时处理偷蜂、毒害蜂群等破坏养蜂案件、涉蜂运输事故以及有关纠纷，必要时可以应当事人请求或司法机关要求，组织进行蜜蜂损失技术鉴定，出具技术鉴定书。

第十八条　除国家明文规定的收费项目外，养蜂者有权拒绝任何形式的乱收费、乱罚款和乱摊派等行为，并向有关部门举报。

第四章 蜂群疫病防控

第十九条 蜂群自原驻地和最远蜜粉源地起运前，养蜂者应当提前3天向当地动物卫生监督机构申报检疫。经检疫合格的，方可起运。

第二十条 养蜂者发现蜂群患有列入检疫对象的蜂病时，应当依法向所在地兽医主管部门、动物卫生监督机构或者动物疫病预防控制机构报告，并就地隔离防治，避免疫情扩散。

未经治愈的蜂群，禁止转地、出售和生产蜂产品。

第二十一条 养蜂者应当按照国家相关规定，正确使用兽药，严格控制使用剂量，执行休药期制度。

第二十二条 巢础等养蜂机具设备的生产经营和使用，应当符合国家标准及有关规定。

禁止使用对蜂群有害和污染蜂产品的材料制作养蜂器具，或在制作过程中添加任何药物。

第五章 附 则

第二十三条 本办法所称蜂产品，是指蜂群生产的未经加工的蜂蜜、蜂王浆、蜂胶、蜂花粉、蜂毒、蜂蜡、蜂幼虫、蜂蛹等。

第二十四条 违反本办法规定的，依照有关法律、行政法规的规定进行处罚。

第二十五条 本办法自2012年2月1日起施行。

国务院关于促进畜牧业持续健康发展的意见

国发〔2007〕4号

各省、自治区、直辖市人民政府，国务院各部委、各直属机构：

畜牧业是现代农业产业体系的重要组成部分。大力发展畜牧业，对促进农业结构优化升级，增加农民收入，改善人们膳食结构，提高国民体质具有重要意义。"十五"以来，我国畜牧业取得了长足发展，综合生产能力显著提高，肉、蛋、奶等主要畜产品产量居世界前列，畜牧业已经成为我国农业农村经济的支柱产业和农民收入的重要来源，进入了一个生产不断发展、质量稳步提高、综合生产能力不断增强的新阶段。但我国畜牧业发展中也存在生产方式落后，产业结构和布局不合理，组织化程度低，市场竞争力不强，支持保障体系不健全，抵御风险能力弱等问题。当前，我国正处在由传统畜牧业向现代畜牧业转变的关键时期，为做大做强畜牧产业，促进我国畜牧业持续健康发展，现提出如下意见：

一、指导思想、基本原则和总体目标

（一）指导思想。以邓小平理论和"三个代表"重要思想为指导，全面落实科学发展观，深入贯彻党的十六届五中、六中全会精神，坚持"多予少取放活"和"工业反哺农业、城市支持农村"的方针，加快畜牧业增长方式转变，大力发展健康养殖，构建现代畜牧业产业体系，提高畜牧业综合生产能力，保障畜产品供给和质量安全，促进农民持续增收，推进社会主义新农村建设。

（二）基本原则。坚持市场导向，充分发挥市场机制在配置资源中的基础性作用；加强宏观调控，保障畜牧业平稳较快发展。坚持协调发展，推进畜牧业产销一体化经营；优化区域布局，构建优势产业带。坚持依靠科技，鼓励科技创新，推广先进适用技术，加快科技成果转化，促进产业升级，提升畜牧业竞争力。坚持环境保护，推行清洁生产，强化草原资源保护，发展生态畜牧业，实现可持续发展。坚持政府扶持，鼓励多元投入，积极引导社会资本投入畜牧业生产，建立多元化投入机制。

（三）总体目标。到"十一五"末，畜牧业生产结构进一步优化，自主创新能力进一步提高，科技实力和综合生产能力进一步增强，畜牧业科技进步贡献率由目前的50%上升到55%以上，畜牧业产值占农业总产值比重由目前的34%上升到38%以上；良种繁育、动物疫病防控、饲草饲料生产、畜产品质量安全、草原生态保护等体系进一步完善；规模化、标准化、产业化程度进一步提高，畜牧业生产初步实现向技术集约型、资源高效利用型、环境友好型转变。

二、加快推进畜牧业增长方式转变

（四）优化畜产品区域布局。要根据区域资源承载能力，明确区域功能定位，充分发挥区域资源优势，加快产业带建设，形成各具特色的优势畜产品产区。大中城市郊区和经济发达地区要利用资金、技术优势，加快发展畜禽种业和畜产品加工业，形成一批具有竞争优势和知名品牌的龙头企业。东部沿海地区和无规定动物疫病区要加强畜产品出口基地建设，发展外向型畜牧业，提高我国畜产品的国际市场竞争力。中部地区要充分利用粮食和劳动力资源丰富的优势，加快现代畜牧业建设，提高综合生产能力。西部地区要稳步发展草原畜牧业，大力发展特色畜牧业。

（五）加大畜牧业结构调整力度。继续稳定生猪、家禽生产，突出发展牛羊等节粮型草食家畜，大力发展奶业，加快发展特种养殖业。生猪、家禽生产要稳定数量，提高质量安全水平；奶类生产要加强良种奶牛基地建设；肉牛肉羊生产要充分利用好地方品种资源，生产优质牛羊肉。

（六）加快推进健康养殖。转变养殖观念，调整养殖模式，创新生产、经营管理制度，发展规模养殖和畜禽养殖小区，抓好畜禽良种、饲料供给、动物防疫、养殖环境等基础工作，改变人畜混居、畜禽混养的落后状况，改善农村居民的生产生活环境。按照市场需求，加快建立一批标准化、规模化生产示范基地。全面推行草畜平衡，实施天然草原禁牧休牧轮牧制度，保护天然草场，建设饲草基地，推广舍饲半舍饲饲养技术，增强草原畜牧业的发展能力。

（七）促进畜牧业科技进步。加快畜牧兽医高新技术的研究和开发，积极利用信息技术、生物技术，培育畜禽新品种。坚持自主创新与技术引进相结合，不断提高畜牧业发展的技术装备水平。加强基层畜牧技术推广体系建设，加快畜牧业科技成果转化，抓好畜禽品种改良、动物疫病诊断及综合防治、饲料配制、草原建设和集约化饲养等技术的推广。强化畜牧业科技教育和培训，提高畜牧业技术人员和农牧民的整体素质。加强国家基地、区域性畜牧科研中心创新能力建设，支持畜牧业科研、教学单位与企业联合，发展畜牧业高新科技企业。

（八）大力发展产业化经营。鼓励畜产品加工企业通过机制创新，建立基地，树立品牌，向规模化、产业化、集团化、国际化方向发展，提高企业的竞争力，进一步增强带动农民增收的能力。建立健全加工企业与畜牧专业合作组织、养殖户之间的利益联结机制，发展订单畜牧业。鼓励企业开发多元化的畜禽产品，发展精深加工，提高产品附加值。进一步调整畜产品出口结构，实现出口产品、出口类型多元化，不断提高我国畜产品在国际市场的占有份额。要创造条件，扶持和发展畜牧专业合作组织与行业协会，维护其合法权益；专业合作组织和行业协会要加强行业管理及行业自律，规范生产经营行为，维护农民利益。

三、建立健全畜牧业发展保障体系

（九）完善畜禽良种繁育体系。实施畜禽良种工程，建设畜禽改良中心和一批畜禽原种场、基因库，提高畜禽自主繁育、良种供应以及种质资源保护和开发能力，建立符合我国生产实际的畜禽良种繁育体系，普及和推广畜禽良种，提高良种覆盖率。积极推进种畜禽生产企业和科研院所相结合，逐步形成以自我开发为主的育种机制。加快种畜禽性能测定站建设，强化种畜禽质量检测，不断提高种畜禽质量。

（十）构建饲草饲料生产体系。大力发展饲料工业，重点扶持一批有发展潜力的大型饲料企业，提高产业集中度。建立饲料标准试验中心和饲料安全评价系统，制订饲料产品和检测方法标准，强化饲料监测，实现全程监控。加大秸秆饲料、棉菜籽饼等非粮食饲料开发力度，支持蛋白质饲料原料和饲料添加剂研发生产。加快牧草种子繁育基地建设，增强优质草种供应能力。在牧区、半农半牧区推广草地改良、人工种草和草田轮作方式，在农区推行粮食作物、经济作物、饲料作物三元种植结构。加快建立现代草产品生产加工示范基地，推动草产品加工业的发展。

（十一）强化动物疫病防控体系。实施动物防疫体系建设规划，强化动物疫病防控，做好畜禽常见病和多发病的防控工作。做到种畜禽无主要疫病，从源头提高畜禽健康水平。加快无规定动物疫病区建设，逐步实行动物疫病防控区域化管理。加强重大动物疫情监测预警预报，提高对突发重大动物疫病应急处置能力。建立和完善畜禽标识及疫病可追溯体系。对高致病性禽流感、口蹄疫等重大动物疫病依法实行强制免疫。加强兽药质量和兽药残留监控，强化动物卫生执法监督。继续推进兽医管理体制改革，健全基层畜牧兽医技术推广机构，稳定畜牧兽医队伍。

四、加大对畜产品生产流通环节的监管力度

（十二）加强畜产品质量安全生产监管。建立健全畜产品质量标准，强化质量管理，完善检测手段，加大对畜产品质量的检测监控力度。建立畜产品质量可追溯体系，强化畜禽养殖档案管理。实行养殖全过程质量监管，规范饲料、饲料添加剂及兽药的使用，大力发展无公害、绿色、有机畜产品生产。

（十三）加强畜禽屠宰加工环节监管。推行屠宰加工企业分级管理制度，开展畜禽屠宰加工企业资质等级认定工作，扶优扶强。全面开展屠宰加工技术人员和肉品品质检验人员技能培训，继续实行屠宰加工技术人员、肉品品质检验人员持证上岗制度和肉品品质强制检验制度。坚决关闭不符合国家法律法规和相关标准要求的屠宰场（点），严厉打击私屠滥宰及制售注水肉、病害肉等不法行为。

（十四）加强畜产品市场监管。建立统一开放竞争有序的畜产品市场，严禁地区封锁，确保畜产品运销畅通。充分发挥农村经纪人衔接产销的作用，促进畜产品合法流通。落实畜产品市场准入和质量责任追究制度，加大对瘦肉精等违禁药品使用的查处力度，保证上市肉类的质量。加强对液态奶和其他畜产品的市场监管，完善液态奶标识制度。

（十五）加大畜产品进出口管理力度。鼓励畜产品加工企业参与国际市场竞争，按照国际标准组织生产和加工，努力扩大畜产品出口；大力推行"公司+基地+标准化"出口畜产品生产加工管理模式。实施出入境检验检疫备案制度。加强对大宗畜产品进口的调控与管理，保护农民利益，维护国内生产和市场稳定。严厉打击走私，有效防止境外畜产品非法入境。强化对进口畜产品的检验检疫，完善检验检测标准与手段，防止疫病和有毒有害物质传入。

五、进一步完善扶持畜牧业发展的政策措施

（十六）完善畜牧业基础设施。逐步加大投资力度，加强畜牧业规模化养殖小区水、电、路等公共基础设施建设，推进畜禽健康养殖。继续实施退牧还草工程，加强西南岩溶地区草地治理，保护和建设草原，加快草业发展。探索建立草原生态补偿机制，维护生态安全。

（十七）扩大对畜牧业的财税支持。各级人民政府和各有关部门要增加资金投入，重点支持畜禽良种推广、种质资源保护、优质饲草基地和标准化养殖小区示范等方面建设，提高资金使用效益，进一步改善畜牧业生产条件。在安排农业综合开发、农业科研、农业技术推广及人畜饮水等专项资金时要对畜牧业发展给予大力支持。继续清理畜禽养殖和屠宰加工环节不合理税费，继续实行对饲料产品的优惠税收政策，减轻养殖农户负担，降低生产成本。"十一五"期间引进优良种畜禽、牧草种子，继续免征进口关税和进口环节增值税。调整完善畜产品出口退税政策。

（十八）加大对畜牧业的金融支持。运用贴息等方式，引导和鼓励各类金融机构增加对畜牧业的贷款。鼓励社会资本参与现代畜牧业建设，建立多元化的融资渠道。金融部门要结合畜牧业发展特点，改善服务，提高效率，探索创新信贷担保抵押模式和担保手段，对符合信贷原则和贷款条件的畜牧业生产者与加工企业提供贷款支持。农村信用社要进一步完善农户小额信用贷款和农户联保贷款制度，支持广大农户发展畜禽养殖。要引导、鼓励和支持保险公司大力开发畜牧业保险市场，发展多种形式、多种渠道的畜牧业保险，加快畜牧业政策性保险试点工作，探索建立适合不同地区、不同畜禽品种的政策性保险制度，增强畜牧业抵御市场风险、疫病风险和自然灾害的能力。

（十九）合理安排畜牧业生产用地。坚持最严格的耕地保护制度，鼓励合理利用荒山、荒地、滩涂等发展畜禽养殖。乡（镇）土地利用总体规划应当根据本地实际情况安排畜禽养殖用地。农村集体经济组织、农民、畜牧业合作经济组织按照乡（镇）土地利用总体规划建立的畜禽养殖场、养殖小区用地按农业用地管理。畜禽养殖场、养殖小区用地使用权期限届满，需要恢复为原用途的，由畜禽养殖场、养殖小区土地使用权人负责恢复。在畜禽养殖场、养殖小区用地范围内需要兴建永久性建（构）筑物，涉及农用地转用的，依照《中华人民共和国土地管理法》的规定办理。

六、加强对畜牧业工作的组织领导

（二十）把发展畜牧业摆在重要位置。地方各级人民政府要把扶持畜牧业持续健康发展列入重要议事日程，制定畜牧业发展规划，并纳入当地经济和社会发展规划，认真组织实施。要加强调查研究，及时解决畜牧业发展中遇到的各种矛盾和问题。各级畜牧兽医主管部门要充分发挥其规划、指导、管理、监督、协调、服务的职能作用；其他各有关部门要各司其职，密切配合，通力合作，共同促进畜牧业持续健康发展。

（二十一）依法促进畜牧业发展。各地区、各部门要深入学习宣传和贯彻实施畜牧法、草原法及动物防疫法等法律法规，落实支持畜牧业发展的各项措施。加大普法力度，提高生产经营者的法律意识。加强行政执法体系建设，不断提高依法行政能力和水平。

（二十二）做好信息引导工作。建立健全畜牧信息收集、分析和发布制度，加强对畜牧业生产的预测预警，及时发布市场信息，指导生产者合理安排生产，促进畜产品的均衡上市，防止畜产品价格大起大落。要发挥舆论导向作用，正确引导畜产品健康消费，扩大消费需求。

国务院
二〇〇七年一月二十六日

农业部关于做好畜牧法贯彻实施工作的通知

农牧发〔2006〕8号

各省、自治区、直辖市及计划单列市农业（农林、农牧、农林渔业）、农机、畜牧、兽医、农垦、乡镇企业、渔业厅（局、委、办），新疆生产建设兵团农业局：

《中华人民共和国畜牧法》（以下简称畜牧法）已于2005年12月29日经十届全国人民代表大会常务委员会第十九次会议通过，将于2006年7月1日起施行。这是我国畜牧法制建设的一件大事，也是畜牧发展史上的重要里程碑。为了认真贯彻实施畜牧法，促进、引导、保护和规范畜牧业的发展，现将有关事项通知如下：

一、充分认识实施畜牧法的重要意义。畜牧法是保障我国畜牧业发展的根本大法。畜牧法将党和国家扶持畜牧业发展的方针政策法律化，将我国发展和管理畜牧业的经验制度化，对于规范畜牧业生产经营行为，保障畜产品质量安全，保护和合理利用畜禽遗传资源，增加农牧民收入，促进畜牧业持续健康发展，建设社会主义新农村都具有重大而深远的意义。各级畜牧行政管理部门要充分认识实施畜牧法的重要意义，认真学习，深刻理解，掌握畜牧法的精神实质和主要内容，落实各项法定制度和措施，促进畜牧业持续健康发展。

二、依法加强畜禽遗传资源保护和种畜禽管理。畜禽良种是畜牧业发展的物质基础。我国拥有世界上最为丰富的畜禽遗传资源。这些畜禽品种是我国畜牧业可持续发展的宝贵资源，也是提高我国畜牧业国际竞争力的潜在优势。畜牧法确立了畜禽遗传资源保护以国家保护为主的制度，明确了种畜禽生产经营许可制度，种畜禽进出口和种畜禽质量监督等有关规定。各级畜牧行政管理部门要依法加强和完善畜禽遗传资源保护和管理措施，加大畜禽遗传资源保护投入，尽快保存和抢救濒危物种，防止畜禽遗传资源的灭失。要切实加强种畜禽质量监管，严格执行种畜禽生产经营许可制度，依法严厉打击假冒伪劣种畜禽，保护广大农牧民的切身利益。要继续实施畜禽良种工程，加快建成选育、扩繁、推广、应用相互配套的畜禽良种体系，提高畜禽良种供应能力。

三、加快推进畜牧业生产方式转变。转变畜牧业生产方式，是提高畜牧业综合生产能力，建设现代畜牧业的重要内容。畜牧法对畜禽养殖方式转变提出了明确要求，特别是对畜禽养殖场、养殖小区的用地作出了按农业用地进行管理的规定，并对规模养殖的条件、养殖场要求、养殖行为、畜禽标识、畜禽养殖环境保护和动物福利作了具体规定。各级畜牧行政管理部门要按照畜牧法的规定，以发展养殖小区和规模场户为载体，正确引导，积极扶持，规范建设，强化监管，加快畜牧业规模化、集约化、标准化和产业化建设步伐，提高畜产品的市场竞争力。

四、大力加强畜禽生产流通的监管。畜产品质量安全关系到人民群众的身体健康和社会的和谐稳定。规范畜禽养殖生产行为和加强流通监管,是畜产品安全和产业安全的有效保障。畜牧法规定,县级以上人民政府应当组织畜牧和其他有关主管部门加强对畜禽饲养环境、种畜禽质量、饲料和兽药等投入品的使用以及畜禽交易与运输的监督管理,国家实行畜禽质量监测和信息发布制度。各级畜牧行政管理部门要依法履行职责,从源头抓起,实行畜产品质量的全过程监管,切实加强畜禽生产和流通的监督检查,保障畜产品质量安全。

五、坚决维护畜牧生产经营者的合法权益。畜牧业已经成为建设现代农业,繁荣农村经济,增加农牧民收入的支柱产业。依法维护好畜牧生产经营者的合法权益,对于构建社会主义和谐社会,调动广大农牧民及社会力量参与畜牧业发展的积极性都具有重要作用。畜牧法对鼓励和支持依法发展畜禽遗传保护事业,扶持畜禽品种选育与优良品种的推广使用,推进养殖方式转变,保障畜禽质量安全等作出了明确的规定,同时对畜禽遗传资源保护、种畜禽生产经营、畜禽养殖等方面的违法行为明确了处罚措施。各级畜牧行政管理部门要加大畜牧法的执法力度,严厉打击违反畜牧法的行为,坚决维护畜牧生产经营者的合法权益。

六、切实落实好畜牧法规定的扶持措施。为发挥畜牧业在发展农业、农村经济和增加农民收入中的作用,畜牧法明确规定国家支持畜牧业发展。在畜禽遗传资源保护方面,规定了各级人民政府应当采取措施,将畜禽遗传资源保护经费列入财政预算;在畜禽良种培育方面,规定了国家扶持畜禽品种的选育和优良品种的推广使用,支持相关部门开展联合育种,建立畜禽良种繁育体系；在畜禽养殖生产方面，规定了国务院和省级人民政府要在财政预算内安排支持畜牧业发展的良种补贴、贴息补助等资金，支持畜禽养殖者购买优良畜禽、改善生产设施、扩大养殖规模，提高养殖效益等等。各地要依法落实畜牧法规定的各项扶持措施，加大投入，保障畜牧业发展的基础条件，提高畜牧业的综合生产能力。

七、认真做好畜牧法的学习和宣传工作。畜牧法是依法行政、依法管理畜牧业的法律武器。畜牧战线的广大干部职工要努力学法、知法、守法和用法，尤其是畜牧行政管理部门的各级干部要做学法用法的表率，带头贯彻执行这部法律，不断提高法律素质，做到依法决策、依法行政、依法管理。要充分利用报纸、电台、电视台等各种媒体，采取群众喜闻乐见、生动活泼、通俗易懂的形式宣传畜牧法，增强广大群众的法律意识，依法维护自己的权益，认真履行应尽的义务。要举办各类培训班和讲座，加强对畜牧行政管理部门的人员培训，切实提高依法行政的能力和水平。同时，各地要认真贯彻执行国务院和农业部制定公布的畜牧法相关配套法规和规章。要结合实际，研究制定贯彻实施畜牧法的地方性配套法规规章，使畜牧法的各项规定真正落到实处。

关于促进规模化畜禽养殖有关用地政策的通知

国土资发〔2007〕220号

各省、自治区、直辖市及新疆生产建设兵团国土资源厅（国土环境资源厅、国土资源局、国土资源和房屋管理局、房屋土地管理局），畜牧兽医（农业、农牧、农林）厅（局、办、委）：

随着我国畜牧业的发展，饲养方式和结构发生了很大变化，规模化养殖对用地提出了新的要求。为贯彻落实《国务院关于促进生猪生产发展稳定市场供应的意见》（国发〔2007〕22号）和《国务院关于切实落实政策保证市场供应维护副食品价格稳定的紧急通知》（国发明电〔2007〕1号）精神，促进规模化畜禽养殖发展，现就用地有关问题通知如下：

一、统筹规划，合理安排养殖用地

（一）县级畜牧主管部门要依据上级畜牧业发展规划和本地畜牧业生产基础、农业资源条件等，编制好县级畜牧业发展规划，明确发展目标和方向，提出规模化畜禽养殖及其用地的数量、布局和规模要求。

（二）在当前土地利用总体规划尚未修编的情况下，县级国土资源管理部门对于规模化畜禽养殖用地实行一事一议，依照现行土地利用规划，做好用地论证等工作，提供用地保障。下一步新一轮土地利用总体规划修编时，要统筹安排，将规模化畜禽养殖用地纳入规划，落实养殖用地，满足用地需求。

（三）规模化畜禽养殖用地的规划布局和选址，应坚持鼓励利用废弃地和荒山荒坡等未利用地、尽可能不占或少占耕地的原则，禁止占用基本农田。各地在土地整理和新农村建设中，可以充分考虑规模化畜禽养殖的需要，预留用地空间，提供用地条件。任何地方不得以新农村建设或整治环境为由禁止或限制规模化畜禽养殖。积极推行标准化规模养殖，合理确定用地标准，节约集约用地。

（四）规模化畜禽养殖用地确定后，不得擅自将用地改变为非农业建设用途，防止借规模化养殖之机圈占土地进行其他非农业建设。

二、区别不同情况，采取不同的扶持政策

（一）本农村集体经济组织、农民和畜牧业合作经济组织按照乡（镇）土地利用总体规划，兴办规模化畜禽养殖所需用地按农用地管理，作为农业生产结构调整用地，不需办理农用地转用审批手续。

（二）其他企业和个人兴办或与农村集体经济组织、农民和畜牧业合作经济组织联合兴办规模化畜禽养殖所需用地，实行分类管理。畜禽舍等生产设施及绿化隔离带用地，按照农用地管理，不需办理农用地转用审批手续；管理和生活用房、疫病防控设施、饲料储藏用房、硬化道路等附属设施，属于永久性建（构）筑物，其用地比照农村集体建设用地管理，需依法办理农用地转用审批手续。

（三）办理农用地转用审批手续所需的用地计划指标，今年要从已下达的计划指标中调剂解决，以后要在年度计划中予以安排；占用耕地的，原则上由养殖企业或个人负责补充，有条件的，也可由县级人民政府实施的投资项目予以扶持。

三、简化程序，及时提供用地

（一）申请规模化畜禽养殖的企业或个人，无论是农村集体经济组织、农民和畜牧业合作经济组织还是其他企业或个人，需经乡（镇）人民政府同意，向县级畜牧主管部门提出规模化养殖项目申请，进行审核备案。

（二）本农村集体经济组织、农民和畜牧业合作经济组织申请规模化畜禽养殖的，经县级畜牧主管部门审核同意后，乡（镇）国土所要积极帮助协调用地选址，并到县级国土资源管理部门办理用地备案手续。涉及占用耕地的，要签订复耕保证书，原则上不收取保证金或押金；原址不能复耕的，要依法另行补充耕地。

（三）其他企业或个人申请规模化畜禽养殖的，经县级畜牧主管部门审核同意后，县（市）、乡（镇）国土资源管理部门积极帮助协调用地选址，并到县级国土资源管理部门办理用地备案手续。其中，生产设施及绿化隔离带用地占用耕地的，应签订复耕保证书，原址不能复耕的，要依法另行补充耕地；附属设施用地涉及占用农用地的，应按照规定的批准权限和要求办理农用地转用审批手续。

（四）规模化畜禽养殖用地要依据《农村土地承包法》、《土地管理法》等法律法规和有关规定，以出租、转包等合法方式取得，切实维护好土地所有权人和原使用权人的合法权益。县级国土资源管理部门在规模化畜禽养殖用地有关手续完备后，及时做好土地变更调查和登记工作。因建设确需占用规模化畜禽养殖用地的，应根据规划布局和养殖企业或个人要求，重新相应落实新的养殖用地，依法保护养殖企业和个人的合法权益。

四、通力合作，共同抓好规模化畜禽养殖用地的落实

（一）各地要依据法律法规和本通知的有关规定，结合本地实际情况，认真调查研究，进一步完善有关政策，细化有关规定，积极为规模化畜禽养殖用地做好服务。

（二）各级国土资源管理部门和畜牧主管部门要在当地政府的组织领导下，各司其职，加强沟通合作，及时研究规模化畜禽养殖中出现的新情况、新问题，不断完善相应政策和措施，促进规模化畜禽养殖的健康发展。

（三）各地在贯彻落实本通知中遇到的问题，要及时报国土资源部和农业部。

国土资源部
农业部
二〇〇七年九月二十一日

辽宁省种畜种禽管理办法

（2001年12月30日辽宁省人民政府令第132号发布；根据2004年6月27日辽宁省人民政府令第171号修订）

第一条 为加强对畜禽品种资源的保护，提高畜禽质量，促进畜牧业发展，根据国务院《种畜禽管理条例》，制定本办法。

第二条 本办法所称种畜种禽，是指种用的家畜家禽，包括猪、牛、羊、马、驴、驼、兔、犬、鸡、鸭、鹅、鸽、鹌鹑等及其精液、卵、胚胎等遗传材料。

第三条 在我省行政区域内从事种畜种禽生产、经营、利用的单位和个人，必须遵守本办法。

农户自繁自用的种畜种禽，不适用本办法。

第四条 省、市、县（含县级市、区，下同）负责畜牧管理工作的部门（以下简称畜牧管理部门），主管本行政区域内的种畜种禽管理工作。

第五条 政府鼓励对种畜种禽的科学研究，鼓励采用先进技术开发利用种畜种禽，鼓励单位和个人培育畜禽新品种。

第六条 对重要畜禽品种资源实施重点保护。其保护名录由省畜牧管理部门制定和公布。

第七条 省畜牧管理部门应当根据畜禽品种资源分布、自然条件和经济状况，制定良种繁育体系规划。

第八条 禁止在畜禽品种保种场内进行任何形式的杂交。确因育种需要进行杂交的，应当按照规定，报国务院或者省畜牧管理部门批准。

第九条 进口种畜种禽，应当遵循有利于良种繁育体系建设和良种资源保护的原则。

第十条 进出口种畜种禽，必须向市畜牧管理部门提出申请，经省畜牧管理部门审核同意，报国务院畜牧管理部门审批。

第十一条 培育畜禽新品种，必须按照国务院《种畜禽管理条例》和《种畜禽管理条例实施细则》的规定，办理评审和审批手续。

未经评审和审批的畜禽品种，不得用于生产、销售，不得发布广告。

第十二条 建立种畜种禽场，应当符合畜禽良种繁育体系规划和规定的条件，并按照下列规定履行审批手续：

（一）国家重点种畜种禽场，由省畜牧管理部门审核，报国务院畜牧管理部门审批；

（二）其他种畜种禽场，由市畜牧管理部门审核，报省畜牧管理部门审批。

第十三条 种畜种禽场应当采用科学、先进的管理方法和先进的繁育、饲养技术进行种畜种禽的繁育；应当建立健全完整、系统的种畜种禽档案。

第十四条 从事种畜种禽生产、经营的单位，必须符合下列条件：

（一）符合我省的良种繁育体系规划和布局要求；

（二）具有相应的基础设施；

（三）具有与生产、经营任务相适应的畜牧兽医技术人员；

（四）所用种畜种禽来源和质量符合规定要求，并达到一定的数量；

（五）具有完整的技术档案；

（六）具有卫生防疫和环境保护措施。

第十五条 从事种畜种禽生产、经营，必须领取种畜种禽生产、经营许可证。

原种场、曾祖代场、种公牛站和胚胎生产等国家重点种畜种禽单位，经省畜牧管理部门审核同意，报国务院畜牧管理部门审批，核发生产、经营许可证；

其他种畜种禽单位，经市畜牧管理部门审核同意，报省畜牧管理部门审批，核发生产、经营许可证。

单纯从事种畜种禽经营和卵孵化的单位和个人，由县畜牧管理部门审批，核发生产、经营许可证。

种畜种禽生产经营单位凭种畜种禽生产、经营许可证向工商行政管理部门办理注册登记，领取营业执照。

第十六条 畜牧管理部门核发种畜种禽生产、经营许可证，应当注明种畜种禽的品种、品系、代次、生产经营范围和有效期。

种畜种禽生产、经营许可证的有效期为3年。期满后，由原发证部门重新审核换证。

  第十七条　生产、经营种畜种禽的单位和个人，必须按照规定的品种、品系、代别和利用年限从事生产、经营；变更生产、经营内容的，必须按原审批程序办理变更手续。

  第十八条　利用种畜种禽进行家畜配种或者利用种禽卵进行孵化和从事胚胎移植的单位和个人，必须从具有种畜种禽生产、经营许可证的单位引进符合质量标准的种畜、种卵及其精液、胚胎。

  第十九条　从事家畜人工授精的操作人员，必须持有县畜牧管理部门核发的资格证书；从事胚胎移植的操作人员，必须持有省畜牧管理部门核发的资格证书。

  人工授精和胚胎移植，必须严格执行技术操作规程。

  第二十条　出售的种牛、种羊、种马，应当达到本品种二级以上等级标准，其中，公畜应当达到一级以上等级标准；出售其他种畜种禽，应当符合本品种标准。

  出售种畜种禽应当出具加盖种畜种禽生产、经营单位公章的《种畜合格证》、《种禽合格证》和《种畜系谱》。

  《种畜合格证》、《种禽合格证》和《种畜系谱》，由省畜牧管理部门统一印制。

  第二十一条　生产经营种畜种禽的单位和个人，应当依法做好动物疫病的防治工作，控制和扑灭动物疫病。

  第二十二条　对违反本办法的单位和个人，按照国务院《种畜禽管理条例》第二十三条、第二十四条规定给予行政处罚。

第二十三条 种畜种禽管理部门的工作人员，滥用职权、徇私舞弊、玩忽职守，由其所在单位或者上级主管部门给予行政处分；构成犯罪的，依法追究刑事责任。

第二十四条 本办法自 2002 年 3 月 1 日起施行。省人民政府 1994 年 2 月 15 日发布的《辽宁省种畜种禽管理办法》同时废止。

菏泽市人民政府关于进一步深化发展现代畜牧业的意见

菏政发〔2016〕21号

各县区人民政府，市政府各部门，市属各企业，各大中专院校：

为加快推进畜牧业现代化，努力打造现代畜牧强市，经2016年6月2日第45次市政府常务会议专题研究，就进一步深化发展现代畜牧业提出如下意见。

一、进一步提高对发展现代畜牧业重要性的认识

现代畜牧业是以管理科学、资源节约、环境友好、效益显著为目标，以布局区域化、品种优良化、养殖规模化、生产标准化、经营产业化、市场国际化、防疫网络化、服务社会化、产品无害化、农民组织化为特征的产业。大力发展现代畜牧业，是满足人民群众日益增长的消费需求的迫切需要，是推进农民持续增收、加快建设社会主义新农村的重要渠道，是转变农业发展方式、调整农村经济结构的重要突破口。近年来，我市畜牧业取得了长足发展，肉、蛋、奶等主要畜产品产量大幅增加，畜牧业产值、出口创汇显著提高，已成为支撑农业农村经济的重要产业，但是也存在发展方式粗放、产业化、标准化程度不高，良种保护任务艰巨，畜产品安全和重大动物疫病防控形势严峻等问题。当前，我市正处于向现代畜牧业加速转变

的关键时期,各级、有关部门要站在战略和全局的高度,把发展现代畜牧业作为农业农村经济"转方式、调结构"的重要内容和拉动农村二三产业发展的重要抓手,进一步强化措施,加快发展步伐,推动我市尽快实现由畜牧大市向畜牧强市的历史性跨越。

二、指导思想和任务目标

(一)指导思想。坚持以科学发展观为指导,以提高畜牧业综合生产能力和市场竞争力为核心,以建设现代畜牧产业体系为重点,以发展高产、优质、高效、生态、安全、品牌和循环型畜牧业为目标,不断强化创新驱动,进一步调整优化产业结构,大力发展生态环保养殖和畜产品加工,努力完善保障体系建设,切实推进畜牧业数量、质量和效益同步增长,努力把我市畜牧业培育成为管理科学、技术先进、效益显著、生态和谐的现代产业。

(二)目标任务。发展良种繁育、畜禽养殖、屠宰加工、仓储物流、品牌培育等一体的产业链,全面提高畜牧业整体竞争力。畜牧业综合生产能力大幅提高。从2016年至2020年,全市肉蛋奶总产量(以2015年为基数,下同)年均增长3%,畜牧业产值占农业总产值的比重每年提高1个百分点以上。畜产品加工能力显著增强。到2020年,畜产品加工业产值与畜牧业产值比达到2∶1,畜产品精深加工率达到35%,将我市建设成为全国、全省优质畜产品供给基地。畜产品质量安全得到有效保障。动物疫病防控体系更加健全,重大动物疫病免疫率、产地检疫率、屠宰检疫率均达到100%,重大动物疫病得到有效控制。无重大畜产品质量安全事件发生。规模化养殖比重显著增加。2020年主要畜禽规模养殖比重达到95%以上，平均每年提高1个百分点。畜牧业标准化生产水平明显提高。加快实施无公害畜产品标准化生产，力争每年有10个以上规模养殖场通过无公害产地认定、产品认证。畜牧产业化经营水平明显提高。到2020年，全市培育出带动能力强的畜牧龙头企业20个，其中年产值5亿元以上的10个；畜牧专业合作组织达到1200个，80%的畜禽养殖场户参与各类畜牧合作经济组织。

三、工作措施

（一）大力推行标准化生产。以"装备设施化、养殖规模化、生产标准化、防疫程序化、粪污无害化"为目标，深入开展畜禽养殖标准化示范创建。市县要设立专项资金，每年重点支持30个规模养殖场（区）开展省级以上示范场创建，到2020年，带动全市建设标准化畜禽养殖示范场区1000个。大力推行无公害生产。积极组织无公害畜产品产地认定和产品认证，企业每通过一个畜产品产地认定和产品认证，市政府给予一定奖励，力争每年申报无公害、绿色等畜产品认证达到20个以上。

（二）努力提高畜牧产业化水平。把大力发展畜产品加工业作为发展现代畜牧业的战略突破口，加大政策扶持力度，按照有关规定，重点扶持市级以上农业产业化畜产品加工龙头企业，促其迅速扩张生产经营规模，增强国内外市场竞争力；下大力气培育一批高成长型的畜产品加工企业，促其尽快成为竞争优势明显、辐射带动能力强的龙头企业；加大招商引资力度，重点引进和新建一批畜产品精深加工企业，提高产品附加值,不断优化产品结构,改变以初级产品外销为主的局面。鼓励、支持企业建立原料基地,争取5年内畜产品加工企业所需原料的80%来源于自身的基地。力争到2020年,全市培育出年主营业务收入超亿元的畜产品加工龙头企业10家以上,超5000万元的龙头企业20家以上,不断提高畜产品加工业的比重。进一步加强畜牧合作经济组织建设,引导县乡畜牧兽医服务部门和各种社会力量兴办的服务实体、畜产品加工企业、供销合作社等参与发展合作社,到2020年,全市畜牧专业合作社达到1200家以上,其中,规范运作的合作社达到500家以上。各县区要根据畜禽品种及畜牧企业生产范围,积极组建畜牧行业协会,充分发挥协会在行业自律、技术服务、市场开拓等方面的作用。

(三)积极发展生态环保养殖。鼓励支持秸秆、牧草饲料开发利用,推广优质饲草饲料作物种植,积极发展林下养殖、环保养猪,大力实施牛羊产业振兴工程。按照市政府关于大力发展林下规模养殖的实施意见,继续加大对林下养殖户的扶持力度。到2020年,全市林下养殖禽类存养量4亿只;自然养猪法覆盖率达到50%;肉牛存栏量80万头,羊存栏量1300万只。加大畜禽养殖环保治理力度,重点支持养殖场(区)建设粪污无害化处理设施,到2020年,扶持规模养殖场(区)新建大中型沼气池100座以上。

(四)大力发展秸秆畜牧业。我市要以大力发展肉牛、肉羊产业为抓手,出台财政扶持政策,推进玉米秸秆商品化,大力推动玉米等农作物秸秆"过腹还田"。到2020年,力争全市秸秆饲用率达到40%以上，玉米秸秆饲用率年提高1个百分点。

（五）加快现代畜禽种业建设。加大地方优良品种资源保护开发力度。市政府设立专项资金，重点支持鲁西黄牛、青山羊、小尾寒羊等地方优良品种原种场、扩繁场建设，到2020年建成鲁西黄牛原种场3家、扩繁场5家，青山羊和小尾寒羊原种场各3家、扩繁场各10家。完善良种繁育体系。逐步完善以县乡为主的猪、牛品种改良网络，到2020年，新建高标准生猪、牛人工授精站20处，生猪三元杂交改良率、牛良种率每年分别提高2个百分点和1个百分点。坚持培育与引种相结合，重点推广奶牛和优质肉牛、肉羊、生猪、家禽等适销对路的良种畜禽，使畜禽良种比重每年提高2个百分点。加强良种开发体系建设。鼓励企业、个人建设良种畜禽育肥场，积极培育我市优质畜禽品种品牌。

（六）强化动物疫病防控体系和畜产品质量安全体系建设。建立动物防疫公共财政保障机制，将重大动物疫病防控所需疫苗、耗材、人工、监测及应急物资储备工作经费列入市、县财政预算。抓好重大动物疫病强制免疫，突出抓好规模饲养场的程序化免疫，确保免疫密度达到100%。完善市县乡村四级基层动物防疫设施和冷链体系，加强重大动物疫病防控示范县、示范乡镇建设，逐步实现重大动物疫病防控网络化监管。加强村级防疫员队伍建设，将村级防疫员误工补助纳入县级预算，并随经济发展逐步提高。加强疫情测报网络建设，建立健全重大动物疫情应急预案，落实队伍、资金、技术、物资储备，一旦发生重大动物疫情，确保不扩散、不蔓延、不成灾。加强畜产品质量安全体系建设，逐步实行从产地环境、投入品管理、饲养过程、屠宰加工、市场销售的全程监管，严厉打击生产、经营假劣饲料、兽药和种畜禽，以及使用"瘦肉精"等违禁药品和经营病死动物及其产品的行为，提高畜产品质量安全水平。对生鲜乳收购站进行标准化改造，强化质量监测，确保质量安全。

（七）着力推进科技创新。加大科技推广力度。通过组织实施科技示范工程、成果对接、技术培训和科技下乡等形式，全面提高畜牧业科技水平。鼓励支持高等院校、龙头企业和畜牧业合作经济组织开展畜牧业技术推广服务。完善市县乡畜牧兽医信息网络建设，定期发布畜牧兽医主推品种、技术，重点推广自然养猪法、肉牛肉羊快速育肥、奶牛全混合日粮饲喂、生猪人工授精、动物疫病程序化免疫等先进适用技术。抓好畜产品加工业科技创新。引导鼓励畜产品生产、加工龙头企业与大专院校、科研机构加强合作，构建以企业为主体、产学研相结合的科技创新体系，开展良种选育、畜禽饲养、疫病防控、信息装备和环境净化等方面的科研攻关，研发推广新技术、新产品、新工艺。加强人才队伍建设。注重现有技术人员培养，每年新引进高层次科研和管理人才50名以上。鼓励和支持高新技术人才带项目搞开发，对做出突出贡献的给予奖励。制定实施畜牧从业和服务人员培训计划，把村级动物防疫员、家畜配种员和畜牧合作组织人员列入"阳光工程"培训对象，加大知识更新培训力度，不断提高应用、推广科技能力。

四、政策保障

（一）加大基础设施建设力度。积极争取国家和省扶持政策，加大畜禽良种工程、秸秆养畜、畜牧业面源污染防治等方面的建设投入。实施畜牧标准化、生态化示范场建设。加强畜牧兽医实验室基础设施建设，确保检验监测活动的正常开展。

（二）加大财税扶持力度。认真落实国家、省有关奶牛、生猪、肉牛良种及病死畜禽无害化处理补贴政策，及时足额拨付配套资金。健全现代畜牧业技术支撑体系，为畜产品、动物疫病、饲料、兽药、种畜禽、畜牧环境、牧草的监测提供必要的经费保障。2016年到2020年，市政府每年从财政预算中列支200万元，专项用于发展秸秆青贮、粮改饲补贴、地方优良畜禽品种的保护与开发、标准化规模养殖场（区）建设、畜牧科技推广等。各县区安排此项资金不少于50万元，并随着经济的发展逐步提高。

（三）加大金融支持力度。加强现代畜牧业投融资平台建设，逐步形成以政府投资为引导、社会力量广泛参与的畜牧业投融资长效机制，引导更多资本投向现代畜牧业。完善农户小额信用贷款和农户联保贷款机制，探索通过资金互助社、担保公司、小额贷款公司、村镇银行、社区银行等新兴金融机构支持畜禽养殖的新模式。总结能繁母猪、奶牛保险的经验，逐步扩大畜牧业保险覆盖范围。鼓励支持畜牧龙头企业上市融资。

（四）加大畜禽养殖供地力度。把畜禽养殖用地纳入土地利用总体规划，切实保障畜禽标准化生态化规模养殖用地，鼓励合理利用林下、荒地、滩涂等发展畜禽养殖。支持发展不破坏土地耕作层的新型框架式畜舍建筑材料，逐步实现养殖场和农田的轮作使用。严格按照国土资源部和农业部《关于进一步支持设施农业健康发展的通知》（国土资发〔2014〕127号）规定，认真落实畜禽养殖用地政策，及时办理养殖用地手续。畜牧生态循环和休闲观光型牧场，其永久性设施用地应依法办理农转用和土地征收审批手续。国土资源、畜牧兽医部门要加强沟通，密切合作，及时化解用地过程中出现的矛盾和问题。

五、组织领导

（一）加强组织领导。各级政府要紧紧围绕建设畜牧业强市和建立现代畜牧产业体系的要求，把发展现代畜牧业列入重要议事日程，加快制定发展现代畜牧业的产业政策和发展规划，并纳入当地经济和社会发展规划，认真组织实施。成立由政府分管领导任组长，畜牧、发改、财政、农业、科技、国土资源、检验检疫、质监、卫生、金融、工商、公安、交通等部门单位负责人为成员的现代畜牧业发展领导小组，统筹推进各项工作，及时研究解决发展中的重大问题。

（二）严格督导考核。把现代畜牧业发展工作列入政府督查事项和绩效考核内容，实行季度调度、半年考核、年终评比。对保质保量完成或超额完成当年各项指标的县区，给予通报表扬及奖励；对没有完成规定指标的，给予通报批评，工作失职特别是出现重大动物疫情和畜产品质量安全事故造成重大影响的，严格进行问责，依法追究相关领导和当事人责任。

菏泽市人民政府
2016年6月2日

南阳市标准化畜牧养殖示范区建设标准

宛龙政办〔2012〕74号

各县市区在标准化畜牧养殖示范区内，选择一个畜禽优势产业，按照规模化、标准化、产业化的要求，以标准化规模养殖示范场建设为重点，统筹安排好畜禽规模养殖、专业合作组织、产业主导品牌、加工龙头企业等产业要素发展，形成相对完整的畜牧产业链。

一、标准化规模养殖示范场标准

在示范区内所选产业上，以规模化、标准化、规范化和现代化等"四化"为标准，建设1个标准化规模养殖示范场。

（一）建设形式规模化

平原县市区（含内乡县）示范养殖场的规模标准为：肉牛存栏500头以上，奶牛存栏500头以上，生猪存栏5000头以上，肉羊存栏600只以上，蛋鸡存栏2万只以上，肉鸡存栏4万只以上。其它山区县示范场规模减半。

（二）规划建设标准化

1. 建设选址。一是不在禁养、限养区，距离交通干道、城镇村庄和其它养殖场等500m以上。远离畜禽及其产品屠宰加工厂、风景旅游区和水源保护区等，一般应控制在1000m以上；二是交通便利，地势高燥，背风向阳，水电充足，水质符合标准，生态环境良好。

2. 规划布局。一是分设生产区、生活区、办公区、病畜禽隔离区和粪污处理区等五大基础功能区；二是基础功能区应合理布局，保持适当距离。

3. 畜舍建设。畜舍建设规范，养殖密度适中（参照国家级标准化示范场的标准），通风、透光、保温、隔热良好，猪、鸡场实现自动上料、自动饮水。

4. 配套设施。一是设立消毒室、兽医室、药品室、办公资料室等4个基础功能室；二是具有消毒（场大门口、生产区门口、污道门出口有消毒池）、饲料仓贮、粪污处理（有规范的贮粪场、污水沉淀池和200立方米以上的沼气工程）、病死畜禽无害化处理和专一出污通道等5项设施。

5. 设备配置。做到有规范的可视化电子设备、有规范的自动化弥雾消毒机械、有固液分离机械化治污设备、有饲料（饲草）加工设备、有相配套的发电机组等"五有"设备。

6. 外部形象。达到"六有"，即有干净的场区外部环境、有标识牌子（门口名称牌、各功能室牌、畜禽舍牌）、有省定畜牧色调（主要墙体刷涂上白下蓝省定畜牧色）、有墙体固定标语、有环境绿化、有相对规范的大门。

（三）经营管理规范化

1. 证照要求。有《动物防疫条件许可证》、《畜禽养殖代码证》、工商营业执照等。

2. 人员配备。具有与生产规模相匹配的技术人员和管理人员。

3. 管理制度。有记录档案、生产经营、人员培训管理、疫病防控、卫生消毒、兽药疫苗管理、饲料及添加济管理、质量安全管理、疾病诊疗和无害化处理等养殖标准化管理要求的10项制度。

4. 档案建设。建有全省统一的标准化档案（12本），并保存2年以上，能实现质量安全可追溯。

5. 企业信誉。遵守法律法规，诚实守信，没有重大疫病、质量安全事故、使用人用药和违禁药品等问题。

（四）发展水平现代化

1. 品种质量。品种优良，而且畜禽群体表现优良。

2. 生产工艺。采用的生产技术、生产模式、管理方法达到全省先进水平。

3. 经营水平。畜禽的料肉比（蛋、奶）、出栏率（产蛋率、产奶量）、产品品质（肉、蛋、奶）等主要生产指标达到国家级示范场的标准。

4. 示范效应。一是具有先进示范作用（是无公害认证企业或国家级标准化示范场等）；二是具有带动发展作用（是龙头企业或畜牧专业合作组织的牵头单位等）。

二、示范区产业建设标准

示范区内所选产业，除建设1个标准化规模养殖示范场外，按照产业化的经营理念，发展30个以上规模养殖场、3个以上畜牧专业合作组织、1个畜产品加工龙头企业和1个产业主导知名品牌。

（一）规模养殖场标准

年出栏肉牛100头以上、生猪500头以上、肉羊100只以上、肉鸡10000只以上,存栏蛋鸡2000只以上、奶牛100头以上。

(二)专业合作组织标准

专业合作组织成员达到20个以上,并达到"七有"、"六统一"标准。"七有":即有齐全证照、有组织机构、有办公场所、有组织章程、规章制度、有会员档案、有质量安全承诺书;"六统一":即统一良种供应、统一投入品采购、统一畜禽防疫、统一生产管理、统一技术服务、统一产品销售。

(三)加工龙头企业标准

畜产品加工龙头企业总投资达到5000万元以上,其中固定资产3000万元以上,并达到市级农业产业龙头企业标准。

(四)产业主导品牌标准

产业主导产品有注册商标,并获得有市级或市级以上质量认证或知名品牌称号。

种畜禽管理条例

中华人民共和国国务院令

第 153 号

现发布《种畜禽管理条例》,自 1994 年 7 月 1 日起施行。

总理 李鹏
1994 年 4 月 15 日

(1994 年 4 月 15 日中华人民共和国国务院令第 153 号发布;根据 2011 年 1 月 8 日《国务院关于废止和修改部分行政法规的决定》修订)

第一章 总 则

第一条 为了加强畜禽品种资源保护、培育和种畜禽生产经营管理，提高种畜禽质量，促进畜牧业发展，制定本条例。

第二条 本条例所称种畜禽，是指种用的家畜家禽，包括猪、牛、羊、马、驴、驼、兔、犬、鸡、鸭、鹅、鸽、鹌鹑等及其卵、精液、胚胎等遗传材料。

第三条 从事畜禽品种资源保护、培育和种畜禽生产、经营的单位和个人，必须遵守本条例；农户自繁自用种畜禽的除外。

第四条 国家鼓励并扶持繁育、推广、使用畜禽良种和培育畜禽新品种。

在畜禽品种资源保护、培育和种畜禽科研、生产中作出显著成绩的，由人民政府或者畜牧行政主管部门给予奖励。

第五条 国务院畜牧行政主管部门主管全国的种畜禽管理工作。县级以上地方人民政府畜牧行政主管部门主管本行政区域内的种畜禽管理工作。

第二章 畜禽品种资源保护

第六条 国家对畜禽品种资源实行分级保护。保护名录和具体办法由国务院畜牧行政主管部门制定。

第七条 国务院畜牧行政主管部门和省、自治区、直辖市人民政府有计划地建立畜禽品种资源保护区（场）、基因库和测定站，对有利用价值的濒危畜禽品种实行特别保护。

第八条 县级以上人民政府对畜禽品种资源的普查、鉴定、保护、培育和利用，给予扶持。

第九条　从国外引进或者向国外输出种畜禽的,依照国家有关规定办理。

第三章　畜禽品种培育和审定

第十条　国务院畜牧行政主管部门和省、自治区、直辖市人民政府畜牧行政主管部门根据畜禽品种资源分布、自然条件和经济状况,制定良种繁育体系规划。

第十一条　建立种畜禽场,应当根据良种繁育体系规划,合理布局。建立地方种畜禽场,必须经省、自治区、直辖市人民政府畜牧行政主管部门批准;建立国家级种畜禽场,必须经省、自治区、直辖市人民政府畜牧行政主管部门审核同意,并报国务院畜牧行政主管部门批准。

第十二条　跨省、自治区、直辖市的畜禽品种的认可与新品种的鉴定命名,必须经国家畜禽品种审定委员会或者其委托的省级畜禽品种审定委员会评审后,报国务院畜牧行政主管部门批准。省、自治区、直辖市内地方畜禽品种的认可与新品种的鉴定命名,必须经省级畜禽品种审定委员会评审后,由省、自治区、直辖市人民政府畜牧行政主管部门批准,并报国务院畜牧行政主管部门备案。

经批准的畜禽品种,由批准单位颁发品种证书,予以公布,并列入国家的或者地方的畜禽品种志。

国家畜禽品种审定委员会和省级畜禽品种审定委员会由畜牧行政主管部门及科研、教学、生产单位的有关专家组成。

第十三条　依照本条例第十二条的规定经过评审并批准的畜禽品种，方可推广。

第十四条　国务院畜牧行政主管部门和省、自治区、直辖市人民政府畜牧行政主管部门或者其委托的单位负责进行畜禽良种登记和生产性能测定。

第四章　种畜禽生产经营

第十五条　生产经营种畜禽的单位和个人，必须向县级以上人民政府畜牧行政主管部门申领《种畜禽生产经营许可证》；工商行政管理机关凭此证依法办理登记注册。

生产经营畜禽冷冻精液、胚胎或者其他遗传材料的，由国务院畜牧行政主管部门或者省、自治区、直辖市人民政府畜牧行政主管部门核发《种畜禽生产经营许可证》。

第十六条　生产经营种畜禽的单位和个人，符合下列条件的，方可发给《种畜禽生产经营许可证》：

（一）符合良种繁育体系规划的布局要求；

（二）所用种畜禽合格、优良，来源符合技术要求，并达到一定数量；

（三）有相应的畜牧兽医技术人员；

（四）有相应的防疫设施；

（五）有相应的育种资料和记录。

第十七条　国有种畜禽场为事业单位，承担培育和提供良种、保护品种资源、开发新品种和新技术推广的任务，实行独立核算、自主经营，坚持繁育优良畜禽为主、积极开展多种经营的方针。

实行企业化经营、国家不再核拨经费的国有种畜禽场，具备企业法人条件的，经工商行政管理机关核准，为企业法人。

第十八条 生产经营种畜禽的单位和个人，必须按照规定的品种、品系、代别和利用年限从事生产经营；变更生产经营范围的，必须办理变更手续。

第十九条 生产经营种畜禽的单位和个人，必须遵守种畜禽繁育、生产的技术规程，建立生产和育种档案，并依照《中华人民共和国动物防疫法》及有关兽医卫生规定，建立和实施防疫制度。

第二十条 销售的种畜禽，应当达到种畜禽的国家标准、行业标准或者地方标准，并附有种畜禽场出具的《种畜禽合格证》、种畜系谱。

第二十一条 进行畜禽专业配种（包括人工授精）、孵化的，必须使用从种畜禽场引进并附有《种畜禽合格证》、种畜系谱的种畜禽。

第二十二条 从事畜禽人工授精的人员，取得县级以上人民政府畜牧行政主管部门核发的证书后，方可从事该项工作。

畜禽人工授精人员必须执行操作规程。

第五章 罚 则

第二十三条 有下列行为之一的，由畜牧行政主管部门责令改正，可以没收违法所得，并可以处以违法所得二倍以下的罚款：

（一）未取得《种畜禽生产经营许可证》生产经营种畜禽的；

（二）未按照规定的品种、品系、代别和利用年限生产经营种畜禽的；

（三）推广未依照本条例评审并批准的畜禽品种的；

（四）销售种畜禽未附具《种畜禽合格证》、种畜系谱的。

有前款第（二）项、第（四）项行为之一，情节严重的，可以吊销《种畜禽生产经营许可证》。

第二十四条　销售不符合质量标准的种畜禽的，以次充好、以假充真的，或者有其他违反工商行政管理法规行为的，由工商行政管理机关依法处罚。

第六章　附　则

第二十五条　国务院畜牧行政主管部门根据本条例制定实施细则。省、自治区、直辖市人民政府可以根据本条例制定实施办法。

第二十六条　本条例由国务院畜牧行政主管部门负责解释。

第二十七条　本条例自1994年7月1日起施行。

附 录

优良种畜登记规则

中华人民共和国农业部令

第 66 号

《优良种畜登记规则》业经 2006 年 5 月 30 日农业部第 13 次常务会议审议通过,现予公布,自 2006 年 7 月 1 日起施行。

农业部部长

二〇〇六年六月五日

第一条 为了培育优良种畜,提高种畜遗传质量,向社会推荐优良种畜,根据《中华人民共和国畜牧法》的有关规定,制定本规则。

第二条 本规则所称优良种畜,是指个体符合品种标准,综合鉴定等级为一级以上的种畜。

第三条 农业部主管全国优良种畜登记管理工作。省级人民政府畜牧行政主管部门主管本行政区域内优良种畜登记管理工作。

全国畜牧总站组织开展全国性优良种畜登记。省级畜牧技术推广机构组织开展本行政区域内的优良种畜登记。

畜牧行业协会配合畜牧技术推广机构实施优良种畜登记工作。

第四条 饲养《中国畜禽遗传资源目录》中牛、羊、猪、马、驴、骆驼、鹿、兔、犬等家畜的单位和个人,可以自愿申请优良种畜登记,任何机构不得强制。

第五条 申请优良种畜登记的单位和个人应当符合下列条件:

(一)取得种畜禽生产经营许可资格;

(二)畜牧主管部门备案的养殖场或者养殖小区;

(三)国家和省级畜禽遗传资源保护区内的养殖户;

(四)其他符合条件的单位和个人。

第六条 申请登记的种畜应当符合下列条件之一:

(一)双亲已登记的纯种;

(二)从国外引进已登记或者注册的原种;

(三)三代系谱记录完整的个体;

(四)其他符合优良种畜条件的个体。

第七条 申请优良种畜登记的单位和个人,应当向省级以上畜牧技术推广机构(以下简称登记机构)报送下列材料:

(一)申请表;

(二)申请报告和种畜系谱等资料;

(三) 种畜照片；

(四)《种畜禽生产经营许可证》复印件。

第八条 登记机构应当自收到申请之日起 30 个工作日内完成审定，必要时可以组织现场审验或者技术检测。

通过审定的，予以登记公告，并由登记机构发放优良种畜证书；未通过审定的，登记机构应当书面通知申请人，并说明理由。

第九条 优良种畜登记实行一畜一卡，记录内容包括：

(一) 基本情况：场（小区、站、户）名、品种、类型、个体编号、出生日期、出生地、综合鉴（评）定等级、登记时间、登记人等基础信息；

(二) 系谱档案：三代系谱完整，并具有父本母本生产性能或遗传力评估的完整资料；

(三) 外貌特征：种畜头部正面及左、右体侧照片各一张；

(四) 生产性能：按各畜种登记卡的内容进行登记；

(五) 优良种畜转让、出售、死亡、淘汰等情况。

第十条 优良种畜登记卡由专人负责填写和管理，登记信息应当录入计算机管理系统，不得随意涂改。

优良种畜登记卡等书面信息资料，至少保存 5 年；电子信息资料应当长期保存。

第十一条 登记的优良种畜淘汰、死亡的，畜主应当在 30 日内向登记机构报告。

登记的优良种畜转让、出售的，应当附优良种畜登记卡等相关资料，并办理变更手续。

第十二条 申请单位和个人以欺诈、贿赂等手段骗取登记的，撤销优良种畜登记。

已登记的种畜不再符合规定条件的，注销优良种畜登记。

第十三条 登记机构及其工作人员弄虚作假、玩忽职守造成后果的，依法给予处分；造成损失的，依法承担赔偿责任。

第十四条 本规则自 2006 年 7 月 1 日起施行。

畜禽标识和养殖档案管理办法

中华人民共和国农业部令

第 67 号

《畜禽标识和养殖档案管理办法》业经 2006 年 6 月 16 日农业部第 14 次常务会议审议通过，现予公布，自 2006 年 7 月 1 日起施行。2002 年 5 月 24 日农业部发布的《动物免疫标识管理办法》（农业部令第 13 号）同时废止。

农业部部长
二〇〇六年六月二十六日

第一章 总 则

第一条 为了规范畜牧业生产经营行为，加强畜禽标识和养殖档案管理，建立畜禽及畜禽产品可追溯制度，有效防控重大动物疫病，保障畜禽产品质量安全，依据《中华人民共和国畜牧法》、《中华人民共和国动物防疫法》和《中华人民共和国农产品质量安全法》，制定本办法。

第二条 本办法所称畜禽标识是指经农业部批准使用的耳标、电子标签、脚环以及其他承载畜禽信息的标识物。

第三条 在中华人民共和国境内从事畜禽及畜禽产品生

产、经营、运输等活动，应当遵守本办法。

第四条 农业部负责全国畜禽标识和养殖档案的监督管理工作。

县级以上地方人民政府畜牧兽医行政主管部门负责本行政区域内畜禽标识和养殖档案的监督管理工作。

第五条 畜禽标识制度应当坚持统一规划、分类指导、分步实施、稳步推进的原则。

第六条 畜禽标识所需费用列入省级人民政府财政预算。

第二章 畜禽标识管理

第七条 畜禽标识实行一畜一标，编码应当具有唯一性。

第八条 畜禽标识编码由畜禽种类代码、县级行政区域代码、标识顺序号共15位数字及专用条码组成。

猪、牛、羊的畜禽种类代码分别为1、2、3。

编码形式为：×（种类代码）-××××××（县级行政区域代码）-××××××××（标识顺序号）。

第九条 农业部制定并公布畜禽标识技术规范，生产企业生产的畜禽标识应当符合该规范规定。

省级动物疫病预防控制机构统一采购畜禽标识，逐级供应。

第十条 畜禽标识生产企业不得向省级动物疫病预防控制机构以外的单位和个人提供畜禽标识。

第十一条 畜禽养殖者应当向当地县级动物疫病预防控制机构申领畜禽标识，并按照下列规定对畜禽加施畜禽标识：

（一）新出生畜禽，在出生后 30 天内加施畜禽标识；30 天内离开饲养地的，在离开饲养地前加施畜禽标识；从国外引进畜禽，在畜禽到达目的地 10 日内加施畜禽标识。

（二）猪、牛、羊在左耳中部加施畜禽标识，需要再次加施畜禽标识的，在右耳中部加施。

第十二条　畜禽标识严重磨损、破损、脱落后，应当及时加施新的标识，并在养殖档案中记录新标识编码。

第十三条　动物卫生监督机构实施产地检疫时，应当查验畜禽标识。没有加施畜禽标识的，不得出具检疫合格证明。

第十四条　动物卫生监督机构应当在畜禽屠宰前，查验、登记畜禽标识。

畜禽屠宰经营者应当在畜禽屠宰时回收畜禽标识，由动物卫生监督机构保存、销毁。

第十五条　畜禽经屠宰检疫合格后，动物卫生监督机构应当在畜禽产品检疫标志中注明畜禽标识编码。

第十六条　省级人民政府畜牧兽医行政主管部门应当建立畜禽标识及所需配套设备的采购、保管、发放、使用、登记、回收、销毁等制度。

第十七条　畜禽标识不得重复使用。

第三章　养殖档案管理

第十八条　畜禽养殖场应当建立养殖档案，载明以下内容：

（一）畜禽的品种、数量、繁殖记录、标识情况、来源和进出场日期；

（二）饲料、饲料添加剂等投入品和兽药的来源、名称、使用对象、时间和用量等有关情况；

（三）检疫、免疫、监测、消毒情况；

（四）畜禽发病、诊疗、死亡和无害化处理情况；

（五）畜禽养殖代码；

（六）农业部规定的其他内容。

第十九条 县级动物疫病预防控制机构应当建立畜禽防疫档案，载明以下内容：

（一）畜禽养殖场：名称、地址、畜禽种类、数量、免疫日期、疫苗名称、畜禽养殖代码、畜禽标识顺序号、免疫人员以及用药记录等。

（二）畜禽散养户：户主姓名、地址、畜禽种类、数量、免疫日期、疫苗名称、畜禽标识顺序号、免疫人员以及用药记录等。

第二十条 畜禽养殖场、养殖小区应当依法向所在地县级人民政府畜牧兽医行政主管部门备案，取得畜禽养殖代码。

畜禽养殖代码由县级人民政府畜牧兽医行政主管部门按照备案顺序统一编号，每个畜禽养殖场、养殖小区只有一个畜禽养殖代码。

畜禽养殖代码由6位县级行政区域代码和4位顺序号组成，作为养殖档案编号。

第二十一条 饲养种畜应当建立个体养殖档案，注明标识编码、性别、出生日期、父系和母系品种类型、母本的标识编码等信息。

种畜调运时应当在个体养殖档案上注明调出和调入地，个体养殖档案应当随同调运。

第二十二条 养殖档案和防疫档案保存时间：商品猪、禽为2年，牛为20年，羊为10年，种畜禽长期保存。

第二十三条 从事畜禽经营的销售者和购买者应当向所在地县级动物疫病预防控制机构报告更新防疫档案相关内容。

销售者或购买者属于养殖场的，应及时在畜禽养殖档案中登记畜禽标识编码及相关信息变化情况。

第二十四条 畜禽养殖场养殖档案及种畜个体养殖档案格式由农业部统一制定。

第四章 信息管理

第二十五条 国家实施畜禽标识及养殖档案信息化管理，实现畜禽及畜禽产品可追溯。

第二十六条 农业部建立包括国家畜禽标识信息中央数据库在内的国家畜禽标识信息管理系统。

省级人民政府畜牧兽医行政主管部门建立本行政区域畜禽标识信息数据库，并成为国家畜禽标识信息中央数据库的子数据库。

第二十七条 县级以上人民政府畜牧兽医行政主管部门根据数据采集要求，组织畜禽养殖相关信息的录入、上传和更新工作。

第五章　监督管理

第二十八条　县级以上地方人民政府畜牧兽医行政主管部门所属动物卫生监督机构具体承担本行政区域内畜禽标识的监督管理工作。

第二十九条　畜禽标识和养殖档案记载的信息应当连续、完整、真实。

第三十条　有下列情形之一的，应当对畜禽、畜禽产品实施追溯：

（一）标识与畜禽、畜禽产品不符；

（二）畜禽、畜禽产品染疫；

（三）畜禽、畜禽产品没有检疫证明；

（四）违规使用兽药及其他有毒、有害物质；

（五）发生重大动物卫生安全事件；

（六）其他应当实施追溯的情形。

第三十一条　县级以上人民政府畜牧兽医行政主管部门应当根据畜禽标识、养殖档案等信息对畜禽及畜禽产品实施追溯和处理。

第三十二条　国外引进的畜禽在国内发生重大动物疫情，由农业部会同有关部门进行追溯。

第三十三条　任何单位和个人不得销售、收购、运输、屠宰应当加施标识而没有标识的畜禽。

第六章　附　则

第三十四条　违反本办法规定的，按照《中华人民共和国畜牧法》、《中华人民共和国动物防疫法》和《中华人民共和国农产品质量安全法》的有关规定处罚。

第三十五条 本办法自 2006 年 7 月 1 日起施行，2002 年 5 月 24 日农业部发布的《动物免疫标识管理办法》（农业部令第 13 号）同时废止。

猪、牛、羊以外其他畜禽标识实施时间和具体措施由农业部另行规定。

畜禽遗传资源保种场保护区和基因库管理办法

中华人民共和国农业部令

第 64 号

《畜禽遗传资源保种场保护区和基因库管理办法》业经 2006 年 5 月 30 日农业部第 13 次常务会议审议通过，现予公布，自 2006 年 7 月 1 日起施行。

农业部部长
二〇〇六年六月五日

第一章 总 则

第一条 为了加强畜禽遗传资源保护与管理，根据《中华人民共和国畜牧法》的有关规定，制定本办法。

第二条 畜禽遗传资源保种场、保护区、基因库的建立或者确定、监督管理，适用本办法。

第三条 农业部负责全国畜禽遗传资源保种场、保护区、基因库的管理，并负责建立或者确定国家级畜禽遗传资源保种场、保护区和基因库。省级人民政府畜牧行政主管部门负责本行政区域内畜禽遗传资源保种场、保护区、基因库的管理，并负责建立或者确定省级畜禽遗传资源保种场、保护区和基因库。

第四条 全国畜牧总站承担国家级畜禽遗传资源保种场、保护区、基因库的具体管理工作。

第二章 基本条件

第五条 国家级畜禽遗传资源保种场应当具备下列条件：

（一）场址在原产地或与原产地自然生态条件一致或相近的区域；

（二）场区布局合理，生产区与办公区、生活区隔离分开。办公区设技术室、资料档案室等。生产区设置饲养繁育场地、兽医室、隔离舍、畜禽无害化处理、粪污排放处理等场所，配备相应的设施设备，防疫条件符合《中华人民共和国动物防疫法》等有关规定；

（三）有与保种规模相适应的畜牧兽医技术人员。主管生产的技术负责人具备大专以上相关专业学历或中级以上技术职称；直接从事保种工作的技术人员需经专业技术培训，掌握保护畜禽遗传资源的基本知识和技能；

（四）符合种用标准的单品种基础畜禽数量要求：

猪：母猪100头以上，公猪12头以上，三代之内没有血缘关系的家系数不少于6个。

牛、马、驴、骆驼：母畜150头（匹、峰）以上，公畜12头（匹、峰）以上，三代之内没有血缘关系的家系数不少于6个。

羊：母羊250只以上，公羊25只以上，三代之内没有血缘关系的家系数不少于6个。

鸡：母鸡300只以上；公鸡不少于30个家系。

鸭、鹅：母禽200只以上；公禽不少于30个家系。

兔：母兔300只以上，公兔60只以上，三代之内没有血缘关系的家系数不少于6个。

犬：母犬30条以上，公犬不少于10条。

蜂：60箱以上。

抢救性保护品种及其他品种的基础畜禽数量要求由国家畜禽遗传资源委员会规定。

（五）有完善的管理制度和健全的饲养、繁育、免疫等技术规程。

第六条 国家级畜禽遗传资源保护区应当具备下列条件：

（一）设在畜禽遗传资源的中心产区，范围界限明确；

（二）保护区内应有2个以上保种群，保种群之间的距离不小于3公里；蜂种保护区具有自然交尾隔离区，其中，山区隔离区半径距离不小于12公里，平原隔离区半径距离不小于16公里；

（三）保护区具备一定的群体规模，单品种资源保护数量不少于保种场群体规模的5倍，所保护的畜禽品种质量符合品种标准。

第七条 国家级畜禽遗传资源基因库应当具备下列条件：

（一）有固定的场所，所在地及附近地区无重大疫病发生史；

（二）有遗传材料保存库、质量检测室、技术研究室、资料档案室等;有畜禽遗传材料制作、保存、检测、运输等设备;具备防疫、防火、防盗、防震等安全设施;水源、电源、液氮供应充足;

(三)有从事遗传资源保护工作的专职技术人员。专业技术人员比例不低于70%;从事畜禽遗传材料制作和检测工作的技术人员需经专业技术培训,并取得相应的国家职业资格证书;

(四)保存单品种遗传材料数量和质量要求:

牛羊单品种冷冻精液保存3000剂以上,精液质量达到国家有关标准;公畜必须符合其品种标准,级别为特级,系谱清楚,无传染性疾病和遗传疾病,三代之内没有血缘关系的家系数不少于6个。

牛羊单品种冷冻胚胎保存200枚以上,胚胎质量为A级;胚胎供体必须符合其品种标准,系谱清楚,无传染性疾病和遗传疾病;供体公畜为特级,供体母畜为1级以上,三代之内没有血缘关系的家系数不少于6个。

其他畜禽冷冻精液、冷冻胚胎以及其他遗传材料(组织、细胞、基因物质等)的保存数量和质量根据需要确定。

(五)有相应的保种计划和质量管理、出入库管理、安全管理、消毒防疫、重大突发事件应急预案等制度,以及遗传材料制作、保存和质量检测技术规程;有完整系统的技术档案资料;

(六)活体保种的基因库应当符合保种场条件。

第三章　建立和确定程序

第八条　建立或者确定畜禽遗传资源保种场、保护区和基因库，应当符合全国畜禽遗传资源保护和利用规划以及国家级畜禽遗传资源保护名录的要求。

第九条　从事国家级畜禽遗传资源保护名录内畜禽资源保护工作，符合本办法第二章要求的单位或者个人，可以申报国家级畜禽遗传资源保种场、保护区和基因库。

第十条　申请国家级畜禽遗传资源保种场、保护区、基因库的单位或者个人，应当于每年3月底前向省级人民政府畜牧行政主管部门提交下列材料：

（一）申请表；

（二）符合第二章规定条件的说明资料；

（三）系谱、选育记录等有关证明材料；

（四）保种场和活体保种的基因库还应当提交《种畜禽生产经营许可证》复印件。

第十一条　省级人民政府畜牧行政主管部门应当自申请受理之日起20个工作日内完成初审，并将初审意见和相关材料报送农业部。

农业部自收到申请材料后20个工作日内做出决定，经审查符合条件的，确定为畜禽遗传资源保种场、保护区和基因库，并予以公告；不符合条件的，书面通知申请人并说明理由。

农业部或省级人民政府畜牧行政主管部门必要时可组织现场审验。

第四章 监督管理

第十二条 畜禽遗传资源保种场、保护区、基因库经公告后,任何单位和个人不得擅自变更其名称、地址、性质或者保护内容;确需变更的,应当按原程序重新申请。

第十三条 县级以上畜牧技术推广机构负责畜禽遗传资源保种场、保护区、基因库的技术指导工作。

第十四条 畜禽遗传资源保种场应当严格实施保种规划,开展选种选配工作,确保保种群体的数量和质量,并准确、完整记录畜禽品种的基本信息。

第十五条 畜禽遗传资源保护区周边交通要道、重要地段,应当由所在地县级以上地方人民政府设立保护标志。

第十六条 畜禽遗传资源基因库应当根据保种计划和工作需要,定期采集、补充和更新畜禽遗传材料,并对保存的遗传材料进行备份。

第十七条 享受中央和省级财政资金支持的畜禽遗传资源保种场、保护区和基因库,未经农业部或者省级人民政府畜牧行政主管部门批准,不得擅自处置受保护的畜禽遗传资源。

第十八条 国家级畜禽遗传资源保种场、保护区、基因库应当在每年1月底前将上年度工作报告报送全国畜牧总站。工作报告内容包括:

(一)群体规模数量;

(二)主要性状的变化情况;

（三）保护与选育的主要工作；

（四）财政专项资金使用情况；

（五）存在的主要问题、改进措施和建议。

第十九条　全国畜牧总站负责对国家级畜禽遗传资源保种场、保护区、基因库的保种工作进行检查。发现保种工作中存在重大问题的，应当责令限期整改，并及时向农业部提出处理建议。

第二十条　有下列行为之一的，取消国家级畜禽遗传资源保种场、保护区、基因库资格：

（一）违反本办法第十七条规定，情节严重的；

（二）截留、挤占、挪用专项资金，情节严重的；

（三）擅自变更地址或者保护内容的，或者擅自变更名称、性质等且在规定期限内拒不改正的；

（四）连续两年不提交工作报告的。

第五章　附　则

第二十一条　本办法下列用语的含义：

（一）保种场，是指有固定场所、相应技术人员、设施设备等基本条件，以活体保护为手段，以保护畜禽遗传资源为目的的单位。

（二）保护区，是指国家或地方为保护特定畜禽遗传资源，在其原产地中心产区划定的特定区域。

（三）基因库，是指在固定区域建立的，有相应人员、设施等基础条件，以低温生物学方法或活体保护为手段，保护多个畜禽遗传资源的单位。基因库保种范围包括活体、组织、胚胎、精液、卵、体细胞、基因物质等遗传材料。

第二十二条 省级畜禽遗传资源保种场、保护区、基因库的基本条件、建立或者确定程序和管理，参照本办法执行。

第二十三条 本办法自2006年7月1日起施行。

附表：

国家级畜禽遗传资源保种场保护区和基因库申请表

填表日期：　　年　月　日

单位名称					
通讯地址					
法定代表人			联系人		
联系电话			传真		
电子信箱			邮政编码		
申请类型	保种场 □		保护区 □	基因库 □	
种畜禽生产经营许可证编号					

	资源名称	保护方式	规模（单位：　　　）			资源来源
			合计	公畜	基础母畜	
保护资源						

续表

申请材料清单	
1. 申请报告	☐
2. 现有条件说明	☐
3. 系谱、选育记录等有关证明材料	☐
4. 《种畜禽生产经营许可证》复印件	☐

申请单位意见	负责人（签字）：　　　　　　　单位（盖章） 　　　　　　　　　　　　　　　　年　月　日
省畜牧行政主管部门初审意见	受理人　　　　　　　受理时间 负责人（签字）：　　　　　　　单位（盖章） 　　　　　　　　　　　　　　　　年　月　日
农业部审批意见	

填写说明

1. 本表规格为标准 A4 纸，竖装。必须打印或铅印，字体为 4 号字。

为便于资料、信息的管理，请申请单位在正式报送材料的同时，通过中国畜牧兽医信息网下载、填写和报送电子版。

通信地址：北京市朝阳区麦子店街 20 号全国畜牧总站

邮政编码：100026

电话：010-64194610

传真：010-64194611

电子邮件：zyc@caaa.cn

网址：www.cav.net.cn

2. 申请类型：在申请类型方格内打"√"。

3. 保护场和活体保种的基因库必须填写《种畜禽生产经营许可证》编号。

4. 保护资源栏不够填写的，可另加附页。

5. 资源名称：填写国家级畜禽遗传资源保护名录内的品种名称。

6. 保护方式：填写活体、冷冻精液、冷冻胚胎等。

7. 规模：保护方式为活体的，必须分别填写公母畜禽数量和合计；其他保护方式的，在合计栏填写总数。

8. 申请报告：根据申请类型，依照《畜禽遗传资源保种场、保护区和基因库管理办法》第二章的要求编写。

畜禽新品种配套系审定和
畜禽遗传资源鉴定办法

中华人民共和国农业部令

第 65 号

《畜禽新品种配套系审定和畜禽遗传资源鉴定办法》业经2006年5月30日农业部第13次常务会议审议通过，现予公布，自2006年7月1日起施行。

农业部部长
二〇〇六年六月五日

第一章 总 则

第一条 为了规范畜禽新品种、配套系审定和畜禽遗传资源鉴定工作，促进优良畜禽品种选育与推广，根据《中华人民共和国畜牧法》的有关规定，制定本办法。

第二条 本办法所称畜禽新品种是指通过人工选育，主要遗传性状具备一致性和稳定性，并具有一定经济价值的畜禽群体；配套系是指利用不同品种或种群之间杂种优势，用于生产商品群体的品种或种群的特定组合；畜禽遗传资源是指未列入《中国畜禽遗传资源目录》，通过调查新发现的畜禽遗传资源。

第三条　培育的畜禽新品种、配套系和畜禽遗传资源在推广前，应当通过国家畜禽遗传资源委员会审定或者鉴定，并由农业部公告。

第四条　农业部主管全国畜禽新品种、配套系审定和畜禽遗传资源鉴定工作。

农业部国家畜禽遗传资源委员会负责畜禽新品种、配套系审定和畜禽遗传资源鉴定。国家畜禽遗传资源委员会办公室设在全国畜牧总站。

第五条　国家畜禽遗传资源委员会由科研、教学、生产、推广、管理等方面的专业人员组成，并设立牛、羊、家禽、猪、蜜蜂和其他动物等专业委员会，负责畜禽新品种、配套系审定和畜禽遗传资源鉴定的初审工作。

第二章　申请与受理

第六条　申请审定和鉴定的畜禽新品种、配套系和畜禽遗传资源，应当具备下列条件，并符合相关技术规范要求：

（一）主要特征一致、特性明显，遗传性稳定；

（二）与其他品种、配套系、畜禽遗传资源有明显区别；

（三）具有适当的名称。

畜禽新品种、配套系审定和畜禽遗传资源鉴定技术规范由农业部另行制定。

第七条　申请畜禽新品种、配套系审定的，由该品种或配套系的培育或者个人向所在地省级人民政府畜牧行政主管部门提出，省级人民政府畜牧行政主管部门应当在20个工作日内完成审核，并将审核意见和相关材料报送国家畜禽遗传资源委员会。

申请畜禽遗传资源鉴定的，由该资源所在地省级人民政府畜牧行政主管部门向国家畜禽遗传资源委员会提出。

在中国没有经常住所或者营业场所的外国人、外国旺达或者其他组织在中国申请畜禽新品种、配套系审定的，应当委托具有法人资格的中国育种科研、生产、经营代理。

第八条 申请畜禽新品种、配套系审定的，应当向省级人民政府畜牧行政主管部门提交下列材料：

（一）畜禽新品种、配套系审定申请表；

（二）育种技术工作报告；

（三）新品种、配套系标准；

（四）具有法定资质的畜禽质量检验机构最近两年内出具的检测结果；

（五）中试报告或者试验的证明材料；

（六）声像、画册资料及必要的实物。

第九条 申请畜禽遗传资源鉴定的，应当向国家畜禽遗传资源委员会提交下列材料：

（一）畜禽遗传资源鉴定申请表；

（二）遗传资源介绍；

（三）遗传资源标准；

（四）声像、画册资料及必要的实物。

第十条 国家畜禽遗传资源委员会自收到申请材料之日起15个工作日内作出是否受理的决定，并书面通知申请人。不予受理的，应当说明理由。

第三章　审定、鉴定与公告

第十一条　国家畜禽遗传资源委员会受理申请后,应当组织专业委员会进行初审。初审专家不少于5人。

第十二条　初审可以采取下列方式:

(一)书面审查;

(二)现场考察、测试或者演示;

(三)答辩;

(四)会议讨论。

第十三条　初审结论应当经三分之二以上专家通过,不同意见应当载明。

第十四条　国家畜禽遗传资源委员会每半年召开一次专门会议,对初审结论进行讨论和表决。出席会议的委员不少于全体委员的三分之二。

表决采取无记名投票方式。同意票数超过到会委员半数的,通过审定或者鉴定。

第十五条　通过审定或者鉴定的畜禽新品种、配套系或者畜禽遗传资源,由国家畜禽遗传资源委员会在中国农业信息网(www.agri.gov.cn)公示,公示期为一个月。

公示期满无异议的,由国家畜禽遗传资源委员会颁发证书并报农业部公告。

第十六条　未通过审定或鉴定的,国家畜禽遗传资源委员会办公室应当在30个工作日内书面通知申请人。申请人有异议的,应当在接到通知后30个工作日内申请复审。国家畜禽遗传资源委员会应当在 6 个月内作出复审决定，并通知申请人。

第四章　中间试验

第十七条　畜禽新品种、配套系申请审定前，培育者可以进行中间试验，对品种、配套系的生产性能、适应性、抗逆性等进行验证。

第十八条　中间试验应当经试验所在地省级人民政府畜牧行政主管部门批准，培育者应当提交下列材料：

（一）新品种、配套系暂定名；

（二）新品种、配套系特征、特性；

（三）拟进行中间试验的地点、期限和规模等。

第十九条　省级人民政府畜牧行政主管部门应当自收到申请之日起 15 个工作日内做出是否批准的决定。决定批准的，应当明确中间试验的地点、期限、规模及培育者应承担的责任；不予批准的，书面通知申请人并说明理由。

培育者不得改变中间试验的地点、期限和规模。确需改变的，应当报原批准机关批准。

中间试验结束后，培育者应当向批准机关提交书面报告。

第五章　监督管理

第二十条　申请人隐瞒有关情况或者提供虚假材料的，不予受理，并给予警告，一年之内不得再次申请审定或者鉴定。已通过审定或者鉴定的，收回并注销证书，申请人三年之内不得再次申请审定或者鉴定。

第二十一条 已审定通过的新品种、配套系在生产推广过程中发现有重大缺陷的,经国家畜禽遗传资源委员会论证,由农业部作出停止生产、推广的决定,并予以公告,国家畜禽遗传资源委员会收回证书。

第二十二条 审定或者鉴定专家及其工作人员应当保守秘密,违反规定的,依照国家保密法有关规定处罚。

第二十三条 其他违反本办法的行为,依照《中华人民共和国畜牧法》的有关规定处罚。

第六章 附 则

第二十四条 审定或者鉴定所需的试验、检测等费用由申请人承担,具体标准按照国家有关规定执行。

第二十五条 转基因畜禽品种的培育、试验、审定,还应当符合国家有关农业转基因生物安全管理的规定。

第二十六条 本办法自2006年7月1日起施行。本办法施行前,省级人民政府畜牧行政主管部门审定通过的畜禽新品种、配套系,需要跨省推广的,应当依照本办法申请审定。

家畜遗传材料生产许可办法

中华人民共和国农业部令

2015 年第 3 号

现公布《农业部关于修订〈家畜遗传材料生产许可办法〉的决定》，自公布之日起施行。

农业部部长
2015 年 10 月 30 日

第一章 总 则

第一条 为加强家畜冷冻精液、胚胎、卵子等遗传材料（以下简称家畜遗传材料）生产的管理，根据《中华人民共和国畜牧法》，制定本办法。

第二条 本办法所称冷冻精液，是指经超低温冷冻保存的家畜精液。

本办法所称胚胎，是指用人工方法获得的家畜早期胚胎，包括体内受精胚胎和体外受精胚胎。

本办法所称卵子，是指母畜卵巢所产生的卵母细胞，包括体外培养卵母细胞。

第三条 从事家畜遗传材料生产的单位和个人，应当依照本办法取得农业部核发的《种畜禽生产经营许可证》。

第二章 申 报

第四条 从事家畜遗传材料生产的单位和个人,应当具备下列条件:

(一) 与生产规模相适应的家畜饲养、繁育、治疗场地和家畜遗传材料生产、质量检测、产品储存、档案管理场所。

(二) 与生产规模相适应的家畜饲养和遗传材料生产、检测、保存、运输等设施设备。其中,生产冷冻精液应当配备精子密度测定仪、相差显微镜、分析天平、细管精液分装机、细管印字机、精液冷冻程控仪、低温平衡柜、超低温贮存设备等仪器设备;生产胚胎和卵子应当配备超净台或洁净间、体视显微镜、超低温贮存设备等,生产体外胚胎还应当配备二氧化碳培养箱等仪器设备。

(三) 种畜为通过国家畜禽遗传资源委员会审定或者鉴定的品种,或者为农业部批准引进的境外品种,并符合种用标准。

(四) 体外受精取得的胚胎、使用的卵子来源明确,三代系谱清楚,供体畜符合国家规定的种畜健康标准和质量要求。

(五) 饲养的种畜达到农业部规定的数量。其中,生产牛冷冻精液的合格采精种公牛数量不少于 30 头,生产羊冷冻精液的合格采精种公羊数量不少于 50 只;生产牛胚胎的一级以上基础母牛不少于 200 头,生产羊胚胎的一级以上基础母羊不少于 300 只;生产牛卵子的一级以上基础母牛不少于 100 头,生产羊卵子的一级以上基础母羊不少于 200 只;其他家畜品种的种畜饲养数量由农业部另行规定。

（六）有5名以上畜牧兽医技术人员。其中，主要技术负责人应当具有畜牧兽医类高级技术职称或者本科以上学历，并在本专业工作5年以上；产品质量检验人员应当具备中级以上技术职称，并经培训合格；初级以上技术职称或者大专以上学历的技术人员数量应当占技术人员总数的80%以上；具有提供诊疗服务的执业兽医。

（七）具备法律、行政法规和农业部规定的防疫条件。

（八）建立相应的管理规章制度，包括岗位责任制、产品质量控制和保障措施、生产销售记录制度等。

第五条 申请取得家畜遗传材料生产许可的，应当向所在地省级人民政府畜牧兽医行政主管部门提出，并提交以下材料：

（一）申请表。

（二）生产条件说明材料。

（三）家畜遗传材料供体畜的原始系谱复印件；从境外引进的种畜及遗传材料还应当提供农业部审批复印件；生产卵子、胚胎的还应当提供供体畜来源证明；荷斯坦种公牛还应当提交中国奶业协会及其认可的组织提供的后裔测定成绩。

（四）仪器设备检定报告复印件。

（五）技术人员资格证书或者学历证书及培训合格证明的复印件。

（六）动物防疫条件合格证复印件。

（七）饲养、繁育、生产、质量检测、储存等管理制度。

（八）申请换发家畜遗传材料生产许可证的，应当提供近3年内家畜遗传材料的生产和销售情况。

（九）农业部规定的其他技术材料。

申请材料不齐全，或者不符合法定形式的，省级人民政府畜牧兽医行政主管部门应当当场或者自收到申请材料之日起5个工作日内，一次告知申请人需要补正的全部内容。

第六条 省级人民政府畜牧兽医行政主管部门应当自收到申请之日起30个工作日内完成审核，并将审核意见和相关材料报送农业部。

第七条 农业部自收到申请之日起10个工作日内完成书面审查，对通过书面审查的，组织专家现场评审。

第三章 现场评审

第八条 现场评审实行专家组负责制。专家组由农业部指定的5名以上畜牧兽医专业高级技术职称人员组成，人数为单数。

专家组组长负责现场评审的召集、组织和汇总现场评审意见等工作。

第九条 专家组应当对家畜遗传材料生产场所及布局、仪器设备、防疫等基本条件进行审查。

第十条 专家组应当根据家畜种用标准，对家畜冷冻精液、胚胎、卵子的供体畜逐一进行评定。

第十一条 专家组应当对技术人员的相关法律法规、生产规程、产品技术标准等知识进行理论考核；对家畜冷冻精液、胚胎、卵子的完整生产流程进行考核，并随机抽取 3 个以上关键环节，对相关技术人员进行实际操作考核。

第十二条　专家组应当抽查 30% 以上的仪器设备，对设备的性能与分辨率、完好率、操作规程、使用记录、检测情况等内容进行核查。

第十三条　申请人应当在专家组的监督下，对每头供体畜生产的冷冻精液、3% 供体畜生产的胚胎和卵子进行现场随机取样封存，送具有法定资质的种畜禽质量检验机构检测。

第十四条　现场评审完成后，专家组应当形成书面评审意见，由专家组成员签字确认。

评审意见书包括以下内容：

（一）申报材料核查情况；

（二）生产基本条件审查结论；

（三）家畜遗传材料供体评定结果；

（四）技术人员理论和实际操作考核结果；

（五）家畜饲养、繁育和遗传材料生产、产品质量控制、质量检测等规章制度落实情况。

评审意见一式两份，一份交申请人保存，一份报农业部。

第十五条　现场评审应当自书面审查通过之日起 40 个工作日内完成。

第四章　审批及监督管理

第十六条　农业部自收到现场评审意见和家畜遗传材料质量检测报告后 10 个工作日内，决定是否发放《种畜禽生产经营许可证》。不予发放的，书面通知申请人，并说明理由。

第十七条 有下列情形之一的，不予发放《种畜禽生产经营许可证》：

（一）现场评审不合格的；

（二）冷冻精液质量检测合格的供体畜数量低于本办法第四条第五项规定的；

（三）送检的胚胎或者卵子质量检测不合格的。

第十八条 农业部在核发生产家畜冷冻精液的《种畜禽生产经营许可证》的同时，公布合格供体畜的编号。

家畜冷冻精液生产单位和个人在许可证有效期内新增供体畜的，应当及时向农业部申报。农业部按照本办法的规定组织对供体畜进行现场评审及冷冻精液质量检测，符合规定条件的，公布供体畜编号。

未经公布编号的供体畜，不得投入生产。

生产单位和个人应当及时淘汰冷冻精液不合格的供体畜。拒不淘汰的，由农业部公布不合格供体畜的编号，并依法予以处罚。

第十九条 农业部核发的家畜遗传材料《种畜禽生产经营许可证》有效期3年。期满继续从事家畜遗传材料生产的，申请人应当在许可证有效期满5个月前，依照本办法规定重新提出申请。

第二十条 已取得家畜遗传材料《种畜禽生产经营许可证》的单位和个人，申请扩大家畜遗传材料生产范围时，农业部可在组织现场评审环节适当简化相关程序。

第二十一条　县级以上人民政府畜牧兽医行政主管部门依法对家畜遗传材料生产活动实施监督检查和质量抽查，对违反本办法从事家畜遗传材料生产活动的，依照《中华人民共和国畜牧法》的有关规定处罚。

第五章　附　则

第二十二条　不从事家畜遗传材料生产、只从事经营活动的单位和个人，应当依照省级人民政府的规定取得《种畜禽生产经营许可证》。

第二十三条　本办法自 2010 年 3 月 1 日起施行。1998 年 11 月 5 日农业部发布的《〈种畜禽生产经营许可证〉管理办法》同时废止。

畜禽规模养殖污染防治条例

中华人民共和国国务院令

第 643 号

《畜禽规模养殖污染防治条例》已经 2013 年 10 月 8 日国务院第 26 次常务会议通过,现予公布,自 2014 年 1 月 1 日起施行。

总理 李克强

2013 年 11 月 11 日

第一章 总 则

第一条 为了防治畜禽养殖污染,推进畜禽养殖废弃物的综合利用和无害化处理,保护和改善环境,保障公众身体健康,促进畜牧业持续健康发展,制定本条例。

第二条 本条例适用于畜禽养殖场、养殖小区的养殖污染防治。

畜禽养殖场、养殖小区的规模标准根据畜牧业发展状况和畜禽养殖污染防治要求确定。

牧区放牧养殖污染防治，不适用本条例。

第三条 畜禽养殖污染防治，应当统筹考虑保护环境与促进畜牧业发展的需要，坚持预防为主、防治结合的原则，实行统筹规划、合理布局、综合利用、激励引导。

第四条 各级人民政府应当加强对畜禽养殖污染防治工作的组织领导，采取有效措施，加大资金投入，扶持畜禽养殖污染防治以及畜禽养殖废弃物综合利用。

第五条 县级以上人民政府环境保护主管部门负责畜禽养殖污染防治的统一监督管理。

县级以上人民政府农牧主管部门负责畜禽养殖废弃物综合利用的指导和服务。

县级以上人民政府循环经济发展综合管理部门负责畜禽养殖循环经济工作的组织协调。

县级以上人民政府其他有关部门依照本条例规定和各自职责，负责畜禽养殖污染防治相关工作。

乡镇人民政府应当协助有关部门做好本行政区域的畜禽养殖污染防治工作。

第六条 从事畜禽养殖以及畜禽养殖废弃物综合利用和无害化处理活动，应当符合国家有关畜禽养殖污染防治的要求，并依法接受有关主管部门的监督检查。

第七条 国家鼓励和支持畜禽养殖污染防治以及畜禽养殖废弃物综合利用和无害化处理的科学技术研究和装备研发。各级人民政府应当支持先进适用技术的推广，促进畜禽养殖污染防治水平的提高。

第八条 任何单位和个人对违反本条例规定的行为，有权向县级以上人民政府环境保护等有关部门举报。接到举报的部门应当及时调查处理。

对在畜禽养殖污染防治中作出突出贡献的单位和个人，按照国家有关规定给予表彰和奖励。

第二章 预 防

第九条 县级以上人民政府农牧主管部门编制畜牧业发展规划，报本级人民政府或者其授权的部门批准实施。畜牧业发展规划应当统筹考虑环境承载能力以及畜禽养殖污染防治要求，合理布局，科学确定畜禽养殖的品种、规模、总量。

第十条 县级以上人民政府环境保护主管部门会同农牧主管部门编制畜禽养殖污染防治规划，报本级人民政府或者其授权的部门批准实施。畜禽养殖污染防治规划应当与畜牧业发展规划相衔接，统筹考虑畜禽养殖生产布局，明确畜禽养殖污染防治目标、任务、重点区域，明确污染治理重点设施建设，以及废弃物综合利用等污染防治措施。

第十一条 禁止在下列区域内建设畜禽养殖场、养殖小区：

（一）饮用水水源保护区，风景名胜区；

(二) 自然保护区的核心区和缓冲区；

(三) 城镇居民区、文化教育科学研究区等人口集中区域；

(四) 法律、法规规定的其他禁止养殖区域。

第十二条 新建、改建、扩建畜禽养殖场、养殖小区，应当符合畜牧业发展规划、畜禽养殖污染防治规划，满足动物防疫条件，并进行环境影响评价。对环境可能造成重大影响的大型畜禽养殖场、养殖小区，应当编制环境影响报告书；其他畜禽养殖场、养殖小区应当填报环境影响登记表。大型畜禽养殖场、养殖小区的管理目录，由国务院环境保护主管部门商国务院农牧主管部门确定。

环境影响评价的重点应当包括：畜禽养殖产生的废弃物种类和数量，废弃物综合利用和无害化处理方案和措施，废弃物的消纳和处理情况以及向环境直接排放的情况，最终可能对水体、土壤等环境和人体健康产生的影响以及控制和减少影响的方案和措施等。

第十三条 畜禽养殖场、养殖小区应当根据养殖规模和污染防治需要，建设相应的畜禽粪便、污水与雨水分流设施，畜禽粪便、污水的贮存设施，粪污厌氧消化和堆沤、有机肥加工、制取沼气、沼渣沼液分离和输送、污水处理、畜禽尸体处理等综合利用和无害化处理设施。已经委托他人对畜禽养殖废弃物代为综合利用和无害化处理的，可以不自行建设综合利用和无害化处理设施。

未建设污染防治配套设施、自行建设的配套设施不合格，或者未委托他人对畜禽养殖废弃物进行综合利用和无害化处理的，畜禽养殖场、养殖小区不得投入生产或者使用。

畜禽养殖场、养殖小区自行建设污染防治配套设施的，应当确保其正常运行。

第十四条 从事畜禽养殖活动，应当采取科学的饲养方式和废弃物处理工艺等有效措施，减少畜禽养殖废弃物的产生量和向环境的排放量。

第三章 综合利用与治理

第十五条 国家鼓励和支持采取粪肥还田、制取沼气、制造有机肥等方法，对畜禽养殖废弃物进行综合利用。

第十六条 国家鼓励和支持采取种植和养殖相结合的方式消纳利用畜禽养殖废弃物，促进畜禽粪便、污水等废弃物就地就近利用。

第十七条 国家鼓励和支持沼气制取、有机肥生产等废弃物综合利用以及沼渣沼液输送和施用、沼气发电等相关配套设施建设。

第十八条 将畜禽粪便、污水、沼渣、沼液等用作肥料的，应当与土地的消纳能力相适应，并采取有效措施，消除可能引起传染病的微生物，防止污染环境和传播疫病。

第十九条 从事畜禽养殖活动和畜禽养殖废弃物处理活动，应当及时对畜禽粪便、畜禽尸体、污水等进行收集、贮存、清运，防止恶臭和畜禽养殖废弃物渗出、泄漏。

第二十条 向环境排放经过处理的畜禽养殖废弃物，应当符合国家和地方规定的污染物排放标准和总量控制指标。畜禽养殖废弃物未经处理，不得直接向环境排放。

第二十一条 染疫畜禽以及染疫畜禽排泄物、染疫畜禽产品、病死或者死因不明的畜禽尸体等病害畜禽养殖废弃物，应当按照有关法律、法规和国务院农牧主管部门的规定，进行深埋、化制、焚烧等无害化处理，不得随意处置。

第二十二条 畜禽养殖场、养殖小区应当定期将畜禽养殖品种、规模以及畜禽养殖废弃物的产生、排放和综合利用等情况，报县级人民政府环境保护主管部门备案。环境保护主管部门应当定期将备案情况抄送同级农牧主管部门。

第二十三条 县级以上人民政府环境保护主管部门应当依据职责对畜禽养殖污染防治情况进行监督检查，并加强对畜禽养殖环境污染的监测。

乡镇人民政府、基层群众自治组织发现畜禽养殖环境污染行为的，应当及时制止和报告。

第二十四条 对污染严重的畜禽养殖密集区域，市、县人民政府应当制定综合整治方案，采取组织建设畜禽养殖废弃物综合利用和无害化处理设施、有计划搬迁或者关闭畜禽养殖场所等措施，对畜禽养殖污染进行治理。

第二十五条 因畜牧业发展规划、土地利用总体规划、城乡规划调整以及划定禁止养殖区域，或者因对污染严重的畜禽养殖密集区域进行综合整治，确需关闭或者搬迁现有畜禽养殖场所，致使畜禽养殖者遭受经济损失的，由县级以上地方人民政府依法予以补偿。

第四章　激励措施

第二十六条　县级以上人民政府应当采取示范奖励等措施，扶持规模化、标准化畜禽养殖，支持畜禽养殖场、养殖小区进行标准化改造和污染防治设施建设与改造，鼓励分散饲养向集约饲养方式转变。

第二十七条　县级以上地方人民政府在组织编制土地利用总体规划过程中，应当统筹安排，将规模化畜禽养殖用地纳入规划，落实养殖用地。

国家鼓励利用废弃地和荒山、荒沟、荒丘、荒滩等未利用地开展规模化、标准化畜禽养殖。

畜禽养殖用地按农用地管理，并按照国家有关规定确定生产设施用地和必要的污染防治等附属设施用地。

第二十八条　建设和改造畜禽养殖污染防治设施，可以按照国家规定申请包括污染治理贷款贴息补助在内的环境保护等相关资金支持。

第二十九条　进行畜禽养殖污染防治，从事利用畜禽养殖废弃物进行有机肥产品生产经营等畜禽养殖废弃物综合利用活动的，享受国家规定的相关税收优惠政策。

第三十条　利用畜禽养殖废弃物生产有机肥产品的，享受国家关于化肥运力安排等支持政策；购买使用有机肥产品的，享受不低于国家关于化肥的使用补贴等优惠政策。

畜禽养殖场、养殖小区的畜禽养殖污染防治设施运行用电执行农业用电价格。

第三十一条 国家鼓励和支持利用畜禽养殖废弃物进行沼气发电,自发自用、多余电量接入电网。电网企业应当依照法律和国家有关规定为沼气发电提供无歧视的电网接入服务,并全额收购其电网覆盖范围内符合并网技术标准的多余电量。

利用畜禽养殖废弃物进行沼气发电的,依法享受国家规定的上网电价优惠政策。利用畜禽养殖废弃物制取沼气或进而制取天然气的,依法享受新能源优惠政策。

第三十二条 地方各级人民政府可以根据本地区实际,对畜禽养殖场、养殖小区支出的建设项目环境影响咨询费用给予补助。

第三十三条 国家鼓励和支持对染疫畜禽、病死或者死因不明畜禽尸体进行集中无害化处理,并按照国家有关规定对处理费用、养殖损失给予适当补助。

第三十四条 畜禽养殖场、养殖小区排放污染物符合国家和地方规定的污染物排放标准和总量控制指标,自愿与环境保护主管部门签订进一步削减污染物排放量协议的,由县级人民政府按照国家有关规定给予奖励,并优先列入县级以上人民政府安排的环境保护和畜禽养殖发展相关财政资金扶持范围。

第三十五条 畜禽养殖户自愿建设综合利用和无害化处理设施、采取措施减少污染物排放的,可以依照本条例规定享受相关激励和扶持政策。

第五章 法律责任

第三十六条 各级人民政府环境保护主管部门、农牧主管部门以及其他有关部门未依照本条例规定履行职责的,对直接负责的主管人员和其他直接责任人员依法给予处分；直接负责的主管人员和其他直接责任人员构成犯罪的，依法追究刑事责任。

第三十七条 违反本条例规定，在禁止养殖区域内建设畜禽养殖场、养殖小区的，由县级以上地方人民政府环境保护主管部门责令停止违法行为；拒不停止违法行为的，处3万元以上10万元以下的罚款，并报县级以上人民政府责令拆除或者关闭。在饮用水水源保护区建设畜禽养殖场、养殖小区的，由县级以上地方人民政府环境保护主管部门责令停止违法行为，处10万元以上50万元以下的罚款，并报经有批准权的人民政府批准，责令拆除或者关闭。

第三十八条 违反本条例规定，畜禽养殖场、养殖小区依法应当进行环境影响评价而未进行的，由有权审批该项目环境影响评价文件的环境保护主管部门责令停止建设，限期补办手续；逾期不补办手续的，处5万元以上20万元以下的罚款。

第三十九条 违反本条例规定，未建设污染防治配套设施或者自行建设的配套设施不合格，也未委托他人对畜禽养殖废弃物进行综合利用和无害化处理，畜禽养殖场、养殖小区即投入生产、使用，或者建设的污染防治配套设施未正常运行的，由县级以上人民政府环境保护主管部门责令停止生产或者使用，可以处10万元以下的罚款。

第四十条 违反本条例规定，有下列行为之一的，由县级以上地方人民政府环境保护主管部门责令停止违法行为，限期采取治理措施消除污染，依照《中华人民共和国水污染防治法》、《中华人民共和国固体废物污染环境防治法》的有关规定予以处罚：

（一）将畜禽养殖废弃物用作肥料，超出土地消纳能力，造成环境污染的；

（二）从事畜禽养殖活动或者畜禽养殖废弃物处理活动，未采取有效措施，导致畜禽养殖废弃物渗出、泄漏的。

第四十一条　排放畜禽养殖废弃物不符合国家或者地方规定的污染物排放标准或者总量控制指标，或者未经无害化处理直接向环境排放畜禽养殖废弃物的，由县级以上地方人民政府环境保护主管部门责令限期治理，可以处5万元以下的罚款。县级以上地方人民政府环境保护主管部门作出限期治理决定后，应当会同同级人民政府农牧等有关部门对整改措施的落实情况及时进行核查，并向社会公布核查结果。

第四十二条　未按照规定对染疫畜禽和病害畜禽养殖废弃物进行无害化处理的，由动物卫生监督机构责令无害化处理，所需处理费用由违法行为人承担，可以处3000元以下的罚款。

第六章　附　则

第四十三条　畜禽养殖场、养殖小区的具体规模标准由省级人民政府确定，并报国务院环境保护主管部门和国务院农牧主管部门备案。

第四十四条　本条例自2014年1月1日起施行。

附 录

畜禽养殖污染防治管理办法

国家环境保护总局令
第 9 号

《畜禽养殖污染防治管理办法》，已于 2001 年 3 月 20 日经国家环境保护总局局务会议通过，现予公布施行。

国家环境保护总局局长
2001 年 5 月 8 日

第一条 为防治畜禽养殖污染，保护环境，保障人体健康，根据环境保护法律、法规的有关规定，制定本办法。

第二条 本办法所称畜禽养殖污染，是指在畜禽养殖过程中，畜禽养殖场排放的废渣，清洗畜禽体和饲养场地、器具产生的污水及恶臭等对环境造成的危害和破坏。

第三条 本办法适用于中华人民共和国境内畜禽养殖场的

污染防治。

畜禽放养不适用本办法。

第四条 畜禽养殖污染防治实行综合利用优先，资源化、无害化和减量化的原则。

第五条 县级以上人民政府环境保护行政主管部门在拟定本辖区的环境保护规划时，应根据本地实际，对畜禽养殖污染防治状况进行调查和评价，并将其污染防治纳入环境保护规划中。

第六条 新建、改建和扩建畜禽养殖场，必须按建设项目环境保护法律、法规的规定，进行环境影响评价，办理有关审批手续。

畜禽养殖场的环境影响评价报告书（表）中，应规定畜禽废渣综合利用方案和措施。

第七条 禁止在下列区域内建设畜禽养殖场：

（一）生活饮用水水源保护区、风景名胜区、自然保护区的核心区及缓冲区；

（二）城市和城镇中居民区、文教科研区、医疗区等人口集中地区；

（三）县级人民政府依法划定的禁养区域；

（四）国家或地方法律、法规规定需特殊保护的其他区域。

本办法颁布前已建成的、地处上述区域内的畜禽养殖场应限期搬迁或关闭。

第八条 畜禽养殖场污染防治设施必须与主体工程同时设计、同时施工、同时使用；畜禽废渣综合利用措施必须在畜禽养殖场投入运营的同时予以落实。

环境保护行政主管部门在对畜禽养殖场污染防治设施进行竣工验收时,其验收内容中应包括畜禽废渣综合利用措施的落实情况。

第九条 畜禽养殖场必须按有关规定向所在地的环境保护行政主管部门进行排污申报登记。

第十条 畜禽养殖场排放污染物,不得超过家或地方规定的排放标准。

在依法实施污染物排放总量控制的区域内,畜禽养殖场必须按规定取得《排污许可证》,并按照《排污许可证》的规定排放污染物。

第十一条 畜禽养殖场排放污染物,应按照国家规定缴纳排污费;向水体排放污染物,超过国家或地方规定排放标准的,应按规定缴纳超标准排污费。

第十二条 县级以上人民政府环境保护行政主管部门有权对本辖区范围内的畜禽养殖场的环境保护工作进行现场检查,索取资料、采集样品、监测分析。被检查单位和个人必须如实反映情况,提供必要资料。

检查机关和人员应当为被检查的单位和个人保守技术秘密和业务秘密。

第十三条 畜禽养殖场必须设置畜禽废渣的储存设施和场所,采取对储存场所地面进行水泥硬化等措施,防止畜禽废渣渗漏、散落、溢流、雨水淋失、恶臭气味等对周围环境造成污染和危害。

畜禽养殖场应当保持环境整洁，采取清污分流和粪尿的干湿分离等措施，实现清洁养殖。

第十四条 畜禽养殖场应采取将畜禽废渣还田、生产沼气、制造有机肥料、制造再生饲料等方法进行综合利用。

用于直接还田利用的畜禽粪便，应当经处理达到规定的无害化标准，防止病菌传播。

第十五条 禁止向水体倾倒畜禽废渣。

第十六条 运输畜禽废渣，必须采取防渗漏、防流失、防遗撒及其他防止污染环境的措施，妥善处置贮运工具清洗废水。

第十七条 对超过规定排放标准或排放总量指标，排放污染物或造成周围环境严重污染的畜禽养殖场，县级以上人民政府环境保护行政主管部门可提出限期治理建议，报同级人民政府批准实施。

被责令限期治理的畜禽养殖场应向做出限期治理决定的人民政府的环境保护行政主管部门提交限期治理计划，并定期报告实施情况。提交的限期治理计划中，应规定畜禽废渣综合利用方案。环境保护行政主管部门在对畜禽养殖场限期治理项目进行验收时，其验收内容中应包括上述综合利用方案的落实情况。

第十八条 违反本办法规定，有下列行为之一的，由县级以上人民政府环境保护行政主管部门责令停止违法行为，限期改正，并处以1000元以上3万元以下罚款：

（一）未采取有效措施，致使储存的畜禽废渣渗漏、散落、溢流、雨水淋失、散发恶臭气味等对周围环境造成污染和危害的；

（二）向水体或其他环境倾倒、排放畜禽废渣和污水的。

违反本办法其他有关规定，由环境保护行政主管部门依据有关环境保护法律、法规的规定给予处罚。

第十九条 本办法中的畜禽养殖场，是指常年存栏量为500头以上的猪、3万羽以上的鸡和100头以上的牛的畜禽养殖场，以及达到规定规模标准的其他类型的畜禽养殖场。其他类型的畜禽养殖场的规模标准，由省级环境保护行政主管部门根据本地区实际，参照上述标准作出规定。

地方法规或规章对畜禽养殖场的规模标准规定严于第一款确定的规模标准的，从其规定。

第二十条 本办法中的畜禽废渣，是指畜禽养殖场的畜禽粪便、畜禽舍垫料、废饲料及散落的毛羽等固体废物。

第二十一条 本办法自公布之日起实施。

全国普法学习读本
★★★★★

养殖管理法律法规学习读本
水产养殖法律法规

■ 曾 朝 主编

加大全民普法力度,建设社会主义法治文化,树立宪法法律至上、法律面前人人平等的法治理念。

——中国共产党第十九次全国代表大会《决胜全面建成小康社会 夺取新时代中国特色社会主义伟大胜利》

汕头大学出版社

图书在版编目（CIP）数据

水产养殖法律法规 / 曾朝主编. -- 汕头：汕头大学出版社，2023.4（重印）

（养殖管理法律法规学习读本）

ISBN 978-7-5658-3523-0

Ⅰ.①水… Ⅱ.①曾… Ⅲ.①水产养殖-农业法-中国-学习参考资料 Ⅳ.①D922.44

中国版本图书馆 CIP 数据核字（2018）第 037633 号

水产养殖法律法规 SHUICHAN YANGZHI FALÜ FAGUI

主　　编：曾　朝
责任编辑：邹　峰
责任技编：黄东生
封面设计：大华文苑
出版发行：汕头大学出版社
广东省汕头市大学路 243 号汕头大学校园内　邮政编码：515063
电　　话：0754-82904613
印　　刷：三河市元兴印务有限公司
开　　本：690mm×960mm 1/16
印　　张：18
字　　数：226 千字
版　　次：2018 年 5 月第 1 版
印　　次：2023 年 4 月第 2 次印刷
定　　价：59.60 元（全 2 册）

ISBN 978-7-5658-3523-0

版权所有，翻版必究

如发现印装质量问题，请与承印厂联系退换

前 言

习近平总书记指出："推进全民守法，必须着力增强全民法治观念。要坚持把全民普法和守法作为依法治国的长期基础性工作，采取有力措施加强法制宣传教育。要坚持法治教育从娃娃抓起，把法治教育纳入国民教育体系和精神文明创建内容，由易到难、循序渐进不断增强青少年的规则意识。要健全公民和组织守法信用记录，完善守法诚信褒奖机制和违法失信行为惩戒机制，形成守法光荣、违法可耻的社会氛围，使遵法守法成为全体人民共同追求和自觉行动。"

中共中央、国务院曾经转发了中央宣传部、司法部关于在公民中开展法治宣传教育的规划，并发出通知，要求各地区各部门结合实际认真贯彻执行。通知指出，全民普法和守法是依法治国的长期基础性工作。深入开展法治宣传教育，是全面建成小康社会和新农村的重要保障。

普法规划指出：各地区各部门要根据实际需要，从不同群体的特点出发，因地制宜开展有特色的法治宣传教育坚持集中法治宣传教育与经常性法治宣传教育相结合，深化法律进机关、进乡村、进社区、进学校、进企业、进单位的"法律六进"主题活动，完善工作标准，建立长效机制。

特别是农业、农村和农民问题，始终是关系党和人民事业发展的全局性和根本性问题。党中央、国务院发布的《关于推进社会主义新农村建设的若干意见》中明确提出要"加强农村法制建设，深入开展农村普法教育，增强农民的法制观念，提高农民依法行使权利和履行义务的自觉性。"多年普法实践证明，普及法律知识，提高法制观念，增强全社会依法办事意识具有重要作用。特别是在广大农村进行普法教育，是提高全民法律素质的需要。

多年来，我国在农村实行的改革开放取得了极大成功，农村发生了翻天覆地的变化，广大农民生活水平大大得到了提高。但是，由于历史和社会等原因，现阶段我国一些地区农民文化素质还不高，不学法、不懂法、不守法现象虽然较原来有所改变，但仍有相当一部分群众的法制观念仍很淡化，不懂、不愿借助法律来保护自身权益，这就极易受到不法的侵害，或极易进行违法犯罪活动，严重阻碍了全面建成小康社会和新农村步伐。

为此，根据党和政府的指示精神以及普法规划，特别是根据广大农村农民的现状，在有关部门和专家的指导下，特别编辑了这套《全国普法学习读本》。主要包括了广大人民群众应知应懂、实际实用的法律法规。为了辅导学习，附录还收入了相应法律法规的条例准则、实施细则、解读解答、案例分析等；同时为了突出法律法规的实际实用特点，兼顾地方性和特殊性，附录还收入了部分某些地方性法律法规以及非法律法规的政策文件、管理制度、应用表格等内容，拓展了本书的知识范围，使法律法规更"接地气"，便于读者学习掌握和实际应用。

在众多法律法规中，我们通过甄别，淘汰了废止的，精选了最新的、权威的和全面的。但有部分法律法规有些条款不适应当下情况了，却没有颁布新的，我们又不能擅自改动，只得保留原有条款，但附录却有相应的补充修改意见或通知等。众多法律法规根据不同内容和受众特点，经过归类组合，优化配套。整套普法读本非常全面系统，具有很强的学习性、实用性和指导性，非常适合用于广大农村和城乡普法学习教育与实践指导。总之，是全国全民普法的良好读本。

目　录

中华人民共和国渔业法

第一章　总　则 …………………………………………（1）
第二章　养殖业 …………………………………………（3）
第三章　捕捞业 …………………………………………（5）
第四章　渔业资源的增殖和保护 ………………………（7）
第五章　法律责任 ………………………………………（9）
第六章　附　则 …………………………………………（11）

水产资源繁殖保护条例

第一章　总　则 …………………………………………（12）
第二章　保护对象和采捕原则 …………………………（13）
第三章　禁渔区和禁渔期 ………………………………（14）
第四章　渔具和渔法 ……………………………………（14）
第五章　水域环境的维护 ………………………………（15）
第六章　奖　惩 …………………………………………（16）
第七章　组织领导和职责 ………………………………（16）
第八章　附　则 …………………………………………（17）
附　录
　　农业部关于全面推进水产健康养殖、加强水产品质量
　　安全监管的意见 ……………………………………（18）

水产养殖质量安全管理规定……………………………（26）
全国农牧渔业丰收奖奖励办法…………………………（32）
全国农牧渔业丰收奖奖励办法实施细则………………（44）
《养殖水域滩涂规划》编制工作规范…………………（62）
水域滩涂养殖发证登记办法……………………………（70）
水产品批发市场管理办法………………………………（76）
渤海生物资源养护规定…………………………………（81）
关于调整国内渔业捕捞和养殖业油价补贴政策促进渔业
　持续健康发展的通知…………………………………（89）
福建省标准化水产养殖池塘建设项目专项资金管理办法…（96）
厦门市海域水产养殖退出补偿实施办法………………（100）
上海市水产养殖保护规定………………………………（104）
上海市水产养殖保护规定实施细则……………………（110）

水产苗种管理办法

第一章　总　则……………………………………………（118）
第二章　种质资源保护和品种选育………………………（119）
第三章　生产经营管理……………………………………（120）
第四章　进出口管理………………………………………（122）
第五章　附　则……………………………………………（125）
附　录
　水产种质资源保护区管理暂行办法……………………（127）
　水生生物增殖放流管理规定……………………………（133）
　水产种苗和病害防治补助费使用管理暂行办法………（137）

中华人民共和国渔业法

（1986年1月20日第六届全国人民代表大会常务委员会第十四次会议通过；根据2000年10月31日第九届全国人民代表大会常务委员会第十八次会议《关于修改〈中华人民共和国渔业法〉的决定》修正；根据2004年8月28日中华人民共和国主席令第25号发布的《关于修改〈中华人民共和国渔业法〉的决定》第二次修正）

第一章 总 则

第一条 为了加强渔业资源的保护、增殖、开发和合理利用，发展人工养殖，保障渔业生产者的合法权益，促进渔业生产的发展，适应社会主义建设和人民生活的需要，特制定本法。

第二条 在中华人民共和国的内水、滩涂、领海、专属经济区以及中华人民共和国管辖的一切其他海域从事养殖和捕捞水生动物、水生植物等渔业生产活动，都必须遵守本法。

第三条 国家对渔业生产实行以养殖为主,养殖、捕捞、加工并举,因地制宜,各有侧重的方针。

各级人民政府应当把渔业生产纳入国民经济发展计划,采取措施,加强水域的统一规划和综合利用。

第四条 国家鼓励渔业科学技术研究,推广先进技术,提高渔业科学技术水平。

第五条 在增殖和保护渔业资源、发展渔业生产、进行渔业科学技术研究等方面成绩显著的单位和个人,由各级人民政府给予精神的或者物质的奖励。

第六条 国务院渔业行政主管部门主管全国的渔业工作。县级以上地方人民政府渔业行政主管部门主管本行政区域内的渔业工作。县级以上人民政府渔业行政主管部门可以在重要渔业水域、渔港设渔政监督管理机构。

县级以上人民政府渔业行政主管部门及其所属的渔政监督管理机构可以设渔政检查人员。渔政检查人员执行渔业行政主管部门及其所属的渔政监督管理机构交付的任务。

第七条 国家对渔业的监督管理,实行统一领导、分级管理。

海洋渔业,除国务院划定由国务院渔业行政主管部门及其所属的渔政监督管理机构监督管理的海域和特定渔业资源渔场外,由毗邻海域的省、自治区、直辖市人民政府渔业行政主管部门监督管理。

江河、湖泊等水域的渔业,按照行政区划由有关县级以上人民政府渔业行政主管部门监督管理;跨行政区域的,由有关县级以上地方人民政府协商制定管理办法,或者由上一级人民政府渔业行政主管部门及其所属的渔政监督管理机构监督管理。

第八条 外国人、外国渔业船舶进入中华人民共和国管辖水域，从事渔业生产或者渔业资源调查活动，必须经国务院有关主管部门批准，并遵守本法和中华人民共和国其他有关法律、法规的规定；同中华人民共和国订有条约、协定的，按照条约、协定办理。

国家渔政渔港监督管理机构对外行使渔政渔港监督管理权。

第九条 渔业行政主管部门和其所属的渔政监督管理机构及其工作人员不得参与和从事渔业生产经营活动。

第二章 养殖业

第十条 国家鼓励全民所有制单位、集体所有制单位和个人充分利用适于养殖的水域、滩涂，发展养殖业。

第十一条 国家对水域利用进行统一规划，确定可以用于养殖业的水域和滩涂。单位和个人使用国家规划确定用于养殖业的全民所有的水域、滩涂的，使用者应当向县级以上地方人民政府渔业行政主管部门提出申请，由本级人民政府核发养殖证，许可其使用该水域、滩涂从事养殖生产。核发养殖证的具体办法由国务院规定。

集体所有的或者全民所有由农业集体经济组织使用的水域、滩涂，可以由个人或者集体承包，从事养殖生产。

第十二条 县级以上地方人民政府在核发养殖证时，应当优先安排当地的渔业生产者。

第十三条 当事人因使用国家规划确定用于养殖业的水域、

滩涂从事养殖生产发生争议的,按照有关法律规定的程序处理。在争议解决以前,任何一方不得破坏养殖生产。

第十四条 国家建设征用集体所有的水域、滩涂,按照《中华人民共和国土地管理法》有关征地的规定办理。

第十五条 县级以上地方人民政府应当采取措施,加强对商品鱼生产基地和城市郊区重要养殖水域的保护。

第十六条 国家鼓励和支持水产优良品种的选育、培育和推广。水产新品种必须经全国水产原种和良种审定委员会审定,由国务院渔业行政主管部门批准后方可推广。

水产苗种的进口、出口由国务院渔业行政主管部门或者省、自治区、直辖市人民政府渔业行政主管部门审批。

水产苗种的生产由县级以上地方人民政府渔业行政主管部门审批。但是,渔业生产者自育、自用水产苗种的除外。

第十七条 水产苗种的进口、出口必须实施检疫,防止病害传入境内和传出境外,具体检疫工作按照有关动植物进出境检疫法律、行政法规的规定执行。

引进转基因水产苗种必须进行安全性评价,具体管理工作按照国务院有关规定执行。

第十八条 县级以上人民政府渔业行政主管部门应当加强对养殖生产的技术指导和病害防治工作。

第十九条 从事养殖生产不得使用含有毒有害物质的饵料、饲料。

第二十条 从事养殖生产应当保护水域生态环境,科学确定养殖密度,合理投饵、施肥、使用药物,不得造成水域的环境污染。

第三章 捕捞业

第二十一条 国家在财政、信贷和税收等方面采取措施,鼓励、扶持远洋捕捞业的发展,并根据渔业资源的可捕捞量,安排内水和近海捕捞力量。

第二十二条 国家根据捕捞量低于渔业资源增长量的原则,确定渔业资源的总可捕捞量,实行捕捞限额制度。国务院渔业行政主管部门负责组织渔业资源的调查和评估,为实行捕捞限额制度提供科学依据。中华人民共和国内海、领海、专属经济区和其他管辖海域的捕捞限额总量由国务院渔业行政主管部门确定,报国务院批准后逐级分解下达;国家确定的重要江河、湖泊的捕捞限额总量由有关省、自治区、直辖市人民政府确定或者协商确定,逐级分解下达。捕捞限额总量的分配应当体现公平、公正的原则,分配办法和分配结果必须向社会公开,并接受监督。

国务院渔业行政主管部门和省、自治区、直辖市人民政府渔业行政主管部门应当加强对捕捞限额制度实施情况的监督检查,对超过上级下达的捕捞限额指标的,应当在其次年捕捞限额指标中予以核减。

第二十三条 国家对捕捞业实行捕捞许可证制度。

海洋大型拖网、围网作业以及到中华人民共和国与有关国家缔结的协定确定的共同管理的渔区或者公海从事捕捞作业的捕捞许可证,由国务院渔业行政主管部门批准发放。其他作业的捕捞许可证,由县级以上地方人民政府渔业行政主管部门批准发放；但是，批准发放海洋作业的捕捞许可证不得超过国家下达的船网工具控制指标，具体办法由省、自治区、直辖市人民政府规定。

捕捞许可证不得买卖、出租和以其他形式转让，不得涂改、伪造、变造。

到他国管辖海域从事捕捞作业的，应当经国务院渔业行政主管部门批准，并遵守中华人民共和国缔结的或者参加的有关条约、协定和有关国家的法律。

第二十四条　具备下列条件的，方可发给捕捞许可证：

（一）有渔业船舶检验证书；

（二）有渔业船舶登记证书；

（三）符合国务院渔业行政主管部门规定的其他条件。

县级以上地方人民政府渔业行政主管部门批准发放的捕捞许可证，应当与上级人民政府渔业行政主管部门下达的捕捞限额指标相适应。

第二十五条　从事捕捞作业的单位和个人，必须按照捕捞许可证关于作业类型、场所、时限、渔具数量和捕捞限额的规定进行作业，并遵守国家有关保护渔业资源的规定，大中型渔船应当填写渔捞日志。

第二十六条　制造、更新改造、购置、进口的从事捕捞作业的船舶必须经渔业船舶检验部门检验合格后，方可下水作业。具体管理办法由国务院规定。

第二十七条　渔港建设应当遵守国家的统一规划，实行谁投资谁受益的原则。县级以上地方人民政府应当对位于本行政区域内的渔港加强监督管理，维护渔港的正常秩序。

第四章　渔业资源的增殖和保护

第二十八条　县级以上人民政府渔业行政主管部门应当对其管理的渔业水域统一规划，采取措施，增殖渔业资源。县级以上人民政府渔业行政主管部门可以向受益的单位和个人征收渔业资源增殖保护费，专门用于增殖和保护渔业资源。渔业资源增殖保护费的征收办法由国务院渔业行政主管部门会同财政部门制定，报国务院批准后施行。

第二十九条　国家保护水产种质资源及其生存环境，并在具有较高经济价值和遗传育种价值的水产种质资源的主要生长繁育区域建立水产种质资源保护区。未经国务院渔业行政主管部门批准，任何单位或者个人不得在水产种质资源保护区内从事捕捞活动。

第三十条　禁止使用炸鱼、毒鱼、电鱼等破坏渔业资源的方法进行捕捞。禁止制造、销售、使用禁用的渔具。禁止在禁渔区、禁渔期进行捕捞。禁止使用小于最小网目尺寸的网具进行捕捞。捕捞的渔获物中幼鱼不得超过规定的比例。在禁渔区或者禁渔期内禁止销售非法捕捞的渔获物。

重点保护的渔业资源品种及其可捕捞标准，禁渔区和禁渔期，禁止使用或者限制使用的渔具和捕捞方法，最小网目尺寸以及其他保护渔业资源的措施，由国务院渔业行政主管部门或者省、自治区、直辖市人民政府渔业行政主管部门规定。

第三十一条　禁止捕捞有重要经济价值的水生动物苗种。因养殖或者其他特殊需要，捕捞有重要经济价值的苗种或者禁捕的怀卵亲体的，必须经国务院渔业行政主管部门或者省、自治区、直辖市人民政府渔业行政主管部门批准，在指定的区域和时间内，按照限额捕捞。

在水生动物苗种重点产区引水用水时，应当采取措施，保护苗种。

第三十二条 在鱼、虾、蟹洄游通道建闸、筑坝，对渔业资源有严重影响的，建设单位应当建造过鱼设施或者采取其他补救措施。

第三十三条 用于渔业并兼有调蓄、灌溉等功能的水体，有关主管部门应当确定渔业生产所需的最低水位线。

第三十四条 禁止围湖造田。沿海滩涂未经县级以上人民政府批准，不得围垦；重要的苗种基地和养殖场所不得围垦。

第三十五条 进行水下爆破、勘探、施工作业，对渔业资源有严重影响的，作业单位应当事先同有关县级以上人民政府渔业行政主管部门协商，采取措施，防止或者减少对渔业资源的损害；造成渔业资源损失的，由有关县级以上人民政府责令赔偿。

第三十六条 各级人民政府应当采取措施，保护和改善渔业水域的生态环境，防治污染。

渔业水域生态环境的监督管理和渔业污染事故的调查处理，依照《中华人民共和国海洋环境保护法》和《中华人民共和国水污染防治法》的有关规定执行。

第三十七条 国家对白鳍豚等珍贵、濒危水生野生动物实行重点保护，防止其灭绝。禁止捕杀、伤害国家重点保护的水生野生动物。因科学研究、驯养繁殖、展览或者其他特殊情况，需要捕捞国家重点保护的水生野生动物的,依照《中华人民共和国野生动物保护法》的规定执行。

第五章　法律责任

第三十八条　使用炸鱼、毒鱼、电鱼等破坏渔业资源方法进行捕捞的,违反关于禁渔区、禁渔期的规定进行捕捞的,或者使用禁用的渔具、捕捞方法和小于最小网目尺寸的网具进行捕捞或者渔获物中幼鱼超过规定比例的,没收渔获物和违法所得,处五万元以下的罚款;情节严重的,没收渔具,吊销捕捞许可证;情节特别严重的,可以没收渔船;构成犯罪的,依法追究刑事责任。

在禁渔区或者禁渔期内销售非法捕捞的渔获物的,县级以上地方人民政府渔业行政主管部门应当及时进行调查处理。

制造、销售禁用的渔具的,没收非法制造、销售的渔具和违法所得,并处一万元以下的罚款。

第三十九条　偷捕、抢夺他人养殖的水产品的,或者破坏他人养殖水体、养殖设施的,责令改正,可以处二万元以下的罚款;造成他人损失的,依法承担赔偿责任;构成犯罪的,依法追究刑事责任。

第四十条　使用全民所有的水域、滩涂从事养殖生产,无正当理由使水域、滩涂荒芜满一年的,由发放养殖证的机关责令限期开发利用;逾期未开发利用的,吊销养殖证,可以并处一万元以下的罚款。

未依法取得养殖证擅自在全民所有的水域从事养殖生产的,

责令改正，补办养殖证或者限期拆除养殖设施。

未依法取得养殖证或者超越养殖证许可范围在全民所有的水域从事养殖生产，妨碍航运、行洪的，责令限期拆除养殖设施，可以并处一万元以下的罚款。

第四十一条 未依法取得捕捞许可证擅自进行捕捞的，没收渔获物和违法所得，并处十万元以下的罚款；情节严重的，并可以没收渔具和渔船。

第四十二条 违反捕捞许可证关于作业类型、场所、时限和渔具数量的规定进行捕捞的，没收渔获物和违法所得，可以并处五万元以下的罚款；情节严重的，并可以没收渔具，吊销捕捞许可证。

第四十三条 涂改、买卖、出租或者以其他形式转让捕捞许可证的，没收违法所得，吊销捕捞许可证，可以并处一万元以下的罚款；伪造、变造、买卖捕捞许可证，构成犯罪的，依法追究刑事责任。

第四十四条 非法生产、进口、出口水产苗种的，没收苗种和违法所得，并处五万元以下的罚款。

经营未经审定批准的水产苗种的，责令立即停止经营，没收违法所得，可以并处五万元以下的罚款。

第四十五条 未经批准在水产种质资源保护区内从事捕捞活动的，责令立即停止捕捞，没收渔获物和渔具，可以并处一万元以下的罚款。

第四十六条 外国人、外国渔船违反本法规定，擅自进入中华人民共和国管辖水域从事渔业生产和渔业资源调查活动的，责令其离开或者将其驱逐，可以没收渔获物、渔具，并处五十万元以下的罚款；情节严重的，可以没收渔船；构成犯罪的，依法追究刑事责任。

第四十七条 造成渔业水域生态环境破坏或者渔业污染事故的，依照《中华人民共和国海洋环境保护法》和《中华人民共和国水污染防治法》的规定追究法律责任。

第四十八条 本法规定的行政处罚，由县级以上人民政府渔业行政主管部门或者其所属的渔政监督管理机构决定。但是，本法已对处罚机关作出规定的除外。

在海上执法时，对违反禁渔区、禁渔期的规定或者使用禁用的渔具、捕捞方法进行捕捞，以及未取得捕捞许可证进行捕捞的，事实清楚、证据充分，但是当场不能按照法定程序作出和执行行政处罚决定的，可以先暂时扣押捕捞许可证、渔具或者渔船，回港后依法作出和执行行政处罚决定。

第四十九条 渔业行政主管部门和其所属的渔政监督管理机构及其工作人员违反本法规定核发许可证、分配捕捞限额或者从事渔业生产经营活动的，或者有其他玩忽职守不履行法定义务、滥用职权、徇私舞弊的行为的，依法给予行政处分；构成犯罪的，依法追究刑事责任。

第六章 附 则

第五十条 本法自1986年7月1日起施行。

水产资源繁殖保护条例

(1979年2月10日国务院公布)

第一章 总 则

第一条 根据中华人民共和国宪法第六条："矿藏，水流，国有的森林、荒地和其他海陆资源，都属于全民所有"和第十一条："国家保护环境和自然资源，防治污染和其他公害"的精神，为了繁殖保护水产资源，发展水产事业，以适应社会主义现代化建设的需要，特制定本条例。

第二条 凡是有经济价值的水生动物和植物的亲体、幼体、卵子、孢子等，以及赖以繁殖成长的水域环境，都按本条例的规定加以保护。

第三条 国家水产总局、各海区渔业指挥部和地方各级革命委员会，应当加强对水产资源繁殖保护工作的组织领导，充分发动和依靠群众，认真贯彻执行本条例。

第二章　保护对象和采捕原则

第四条 对下列重要或名贵的水生动物和植物应当重点加以保护。

（一）鱼类

海水鱼：带鱼、大黄鱼、小黄鱼、兰圆参、沙丁鱼，太平洋鲱鱼，鳓鱼、真鲷、黑鲷、二长棘鲷、红笛鲷、梭鱼、鲆、鲽、鳎、石斑鱼、鳕鱼、狗母鱼、金线鱼、鲳鱼、鮸鱼、白姑鱼、黄姑鱼、鲐鱼、马鲛、海鳗。

淡水鱼：鲤鱼、青鱼、草鱼、鲢鱼、鳙鱼、红鳍鳙鱼、鲮鱼、鲫鱼、鲥鱼、鳜鱼、鲂鱼、鳊鱼、鮭鱼、长江鲟、中华鲟、白鲟、青海湖裸鲤、鲚鱼、银鱼、河鳗、黄鳝、鲴鱼。

（二）虾蟹类

对虾、毛虾、青虾、鹰爪虾、中华绒螯蟹、梭子蟹、青蟹。

（三）贝类

鲍鱼、蛏、蚶、牡蛎、西施舌、扇贝、江瑶、文蛤、杂色蛤、翡翠贻贝、紫贻贝、厚壳贻贝、珍珠贝、河蚌。

（四）海藻类

紫菜、裙带菜、石花菜、江蓠、海带、麒麟菜。

（五）淡水食用水生植物类

莲藕、菱角、芡实。

（六）其它

白鳍豚、鲸、大鲵、海龟、玳瑁、海参、乌贼、鱿鱼、乌龟、鳖。

各省、自治区、直辖市革命委员会可以根据本地的水产资源情况，对重点保护对象，作必要的增减。

第五条 水生动物的可捕标准，应当以达到性成熟为原则。对各种捕捞对象应当规定具体的可捕标准（长度或重量）和渔获物中小于可捕标准部分的最大比重。捕捞时应当保留足够数量的亲体，使资源能够稳定增长。

各种经济藻类和淡水食用水生植物，应当待其长成后方得采收，并注意留种、留株，合理轮采。

第六条 各地应当因地制宜采取各种措施，如改良水域条件、人工投放苗种、投放鱼巢、灌江纳苗、营救幼鱼、移植驯化、消除敌害、引种栽植等，增殖水产资源。

第三章　禁渔区和禁渔期

第七条 对某些重要鱼虾贝类产卵场、越冬场和幼体索饵场，应当合理规定禁渔区、禁渔期，分别不同情况，禁止全部作业，或限制作业的种类和某些作业的渔具数量。

第八条 凡是鱼、蟹等产卵洄游通道的江河，不得遮断河面拦捕，应当留出一定宽度的通道，以保证足够数量的亲体上溯或降河产卵繁殖。更不准在闸口拦捕鱼、蟹幼体和产卵洄游的亲体，必要时应当规定禁渔期。因养殖生产需要而捕捞鱼苗、蟹苗者，应当经省、自治区、直辖市水产部门批准，在指定水域和时间内作业。

第四章　渔具和渔法

第九条 各种主要渔具，应当按不同捕捞对象，分别规定最小网眼（箔眼）尺寸。其中机轮拖网、围网和机帆船拖网的最小网眼尺寸，由国家水产总局规定。

禁止制造或出售不合规定的渔具。

第十条 现有危害资源的渔具、渔法，应当根据其危害资源的程度，区别对待。对危害资源较轻的，应当有计划、有步骤地予以改进。对严重危害资源的，应当加以禁止或限期淘汰，在没有完全淘汰之前，应当适当地限制其作业场所和时间。

捕捞小型成熟鱼、虾的小眼网具，只准在指定的水域和时间内作业。

第十一条 严禁炸鱼、毒鱼、滥用电力捕鱼以及进行敲（舟古）作业等严重损害水产资源的行为。

第五章 水域环境的维护

第十二条 禁止向渔业水域排弃有害水产资源的污水、油类、油性混合物等污染物质和废弃物。各工矿企业必须严格执行国家颁发的《工业"三废"排放试行标准》、《放射防护规定》和其他有关规定。

因卫生防疫或驱除病虫害等，需要向渔业水域投注药物时，应当兼顾到水产资源的繁殖保护。农村浸麻应当集中在指定的水域中进行。

第十三条 修建水利工程，要注意保护渔业水域环境。在鱼、蟹等洄游通道筑坝，要相应地建造过鱼设施。已建成的水利工程，凡阻碍鱼、蟹洄游和产卵的，由水产部门和水利管理部门协商，在许可的水位、水量、水质的条件下，适时开闸纳苗或捕苗移殖。

围垦海涂、湖滩，要在不损害水产资源的条件下，统筹安排，有计划地进行。

第六章　奖　惩

第十四条　对贯彻执行本条例有成绩的单位或个人，国家水产总局、各海区渔业指挥部和地方各级革命委员会应当酌情给予表扬或适当的物质奖励。

第十五条　对违反本条例的，应当视情节轻重给予批评教育，或赔偿损失、没收渔获、没收渔具、罚款等处分。凡干部带头怂恿违反本条例的，要追究责任，必要时给予行政或纪律处分。对严重损害资源造成重大破坏的，或抗拒管理，行凶打人的，要追究刑事责任。对坏人的破坏活动要坚决打击，依法惩处。

第七章　组织领导和职责

第十六条　全国水产资源繁殖保护工作由国家水产总局管理，有关部门配合。地方各级革命委员会应当指定水产行政部门和其他有关部门具体负责本条例的贯彻执行，并可以根据需要设置渔政管理机构。各海区渔业指挥部和省、自治区、直辖市应当配备渔政船只。

有些海湾、湖泊、江河、水库等水域，也可以根据需要，经省、自治区、直辖市革命委员会批准，设立水产资源繁殖保护管理机构或群众性的管理委员会。

第十七条 各级水产行政部门及其渔政管理机构,应当切实加强对水产资源繁殖保护工作的管理,建立渔业许可证制度,核定渔船、渔具发展数量和作业类型,进行渔船登记,加强监督检查,保障对水产资源的合理利用。

水产科研部门应当将资源调查、资源保护和改进渔具、渔法的研究工作列为一项重要任务,及时提出水产资源繁殖保护的建议,并为制定实施细则提供科学依据。

第十八条 凡是跨越本省、自治区、直辖市水域进行渔业生产的,必须遵守当地水产资源繁殖保护的有关具体规定。

因科学研究工作需要,从事与本条例和当地有关水产资源繁殖保护的规定有抵触的活动,必须事先报经省、自治区、直辖市水产行政部门批准。

第八章 附 则

第十九条 地方各级革命委员会应当根据本条例的规定,结合本地区的具体情况,制定实施细则,报上一级领导机关备案。

第二十条 本规定自发布之日起施行。

附 录

农业部关于全面推进水产健康养殖、加强水产品质量安全监管的意见

农渔发〔2009〕5号

各省、自治区、直辖市及计划单列市渔业主管厅（局），新疆生产建设兵团水利局，中国水产科学研究院，全国水产技术推广总站，有关水产高等院校：

改革开放以来，我国水产养殖业取得了长足发展，但也面临水域环境恶化、养殖设施老化、养殖病害频发、质量安全隐患增多、质量安全事件时有发生等突出矛盾和问题。为全面推进水产健康养殖，进一步强化监督管理，切实提高水产品质量安全水平，确保水产品有效供给，实现水产养殖业持续健康发展，现提出如下意见：

一、总体要求和工作目标

（一）总体要求。认真贯彻党的十七大和十七届三中全会精神，以科学发展观为指导，把确保水产品安全有效供给作为渔业发展的首要任务，全面推进水产健康养殖，完善养殖权制度，改善养殖设施条件，加强技术创新和推广应用，加快良种繁育和水生

动物防疫体系建设，健全质量安全监管制度，落实监管责任和措施，强化养殖业执法管理，促进现代水产养殖业持续健康协调发展。

（二）工作目标。水域滩涂养殖权制度不断巩固和完善，到2010年全面完成全国养殖重点地区县级以上养殖水域滩涂规划的编制和颁布工作，养殖证发证率达到90%以上；标准化的水产生态健康养殖方式和技术得到广泛应用，创建部级水产健康养殖示范场1000个以上，培育渔业科技示范户10万户以上；基础设施和体系建设明显加快，力争到"十二五"末完成2000万亩中低产池塘标准化改造，基本形成布局合理、设施完善、运转高效、保障有力的水产良种繁育和水生动物防疫体系；水产品质量安全标准体系更加完备，水产品质量监管制度更加完善，监测与执法机制更加健全，持证苗种生产单位、健康养殖示范场、出口原料备案基地、认证产品生产企业等全面推行生产、用药、销售记录制度，质量安全违规案件查处率达到100%；养殖水产品产地药残抽检合格率保持在98%以上，水产品质量安全预警及突发事件应急处置能力显著增强，重大水产品质量安全事件得到有效控制。

二、全面推进水产健康养殖

（三）加快养殖水域滩涂规划编制和养殖权制度建设。各级渔业主管部门要认真组织编制养殖水域滩涂规划，积极推动省、市、县各级政府尽快颁布，保护水产养殖业发展空间。实行养殖水域滩涂规划备案制度，各地规划颁布情况将作为我部安排渔业投资项目的重要参考依据，市、县两级规划需报省级渔业主管部门备案，省级规划需报我部备案。全面推进养殖权登记和养殖证核发工作，加强水域滩涂养殖权保护和救济政策研究，切实维护养殖渔民合法权益。启用全国养殖证信息管理系统，登记发证信息将全部录入系统，将养殖证作为单位和个人享受补贴等相关扶持政策和获得补偿的重要依据。

（四）全面实施中低产养殖池塘标准化改造工程。积极争取各级财政支持，多渠道筹措资金，以高产健康养殖和节能减排为目标，引导企业和养殖户对现有淤积严重、老化坍塌的中低产池塘进行标准化改造，配套完善水、电、路和养殖废水达标排放等公共服务设施，改善养殖环境和生产条件，提高水产养殖综合生产能力；加强和优化池塘标准化改造的区域布局，提升水产养殖集约化、规模化、标准化和产业化发展水平。要根据各地实际，完善承包责任制，建立池塘维护和改造的长效机制。

（五）加强水产健康养殖示范场创建工作。进一步扩大水产健康养殖示范场创建规模，提高创建质量，以增强示范场的示范带动作用。按照"生态、健康、循环、集约"的要求，扶持示范场开展排灌设施和水处理系统、渔业机械设施、池塘清淤护坡等基础设施改造和配套；指导和督促示范场建立生产记录、用药记录、销售记录和产品包装标签制度，完善内部质量安全管理机制；加快水产标准的转化与推广应用，示范推广生态健康养殖方式，积极倡导养殖用水循环利用，实现养殖废水达标排放；强化示范场监督管理，严格创建标准，完善考核验收管理机制，实行动态管理。

（六）加强水产良种繁育和水生动物防疫体系建设。继续组织实施水产良种工程建设项目，重点建设大宗品种和出口优势品种的遗传育种中心和原良种场，建立符合我国水产养殖生产实际的水产良种繁育体系，提高品种创新能力和供应能力。加大对原种保护、亲本更新、良种选育和推广的支持力度，提高水产苗种质量和良种覆盖率。继续实施水生动物防疫体系建设规划，加快国家级、省级、基层三级水生动物疫病防控技术支持机构的建设，完善水生动物防疫体系。加强重大水生动物疫病专项监测、疫病流行病学调查与实验室检测，科学指导重大水生动物疫病防控工作，提高水生动物疫病防控能力。

（七）不断规范养殖投入品使用管理。加强对水产用药物和饲料等投入品使用环节的监督管理，大力推广安全用药技术和方法，指导和培训水产养殖生产者科学防病，合理用药，严格执行休药期制度，加大对重点养殖区域、主要养殖品种和重点药物种类的水产品药残监控力度，各级渔业主管部门要做好从事水生动物疫病防治的乡村兽医登记管理工作，配合兽医主管部门推进渔业执业兽医队伍建设，尽快建立和完善用药处方制度。逐步推广使用水产疫苗。大力推广和鼓励使用高效、环保的配合饲料，提高配合饲料普及率，严格控制直接投喂冰鲜杂鱼行为，禁止在湖泊、水库、江河、海洋等天然开放性水域中施肥养鱼。

三、加强水产品质量安全监管

（八）改革和完善水产品产地抽检制度。从2009年起，对我部组织的水产品产地药残抽检方法进行改革，新方法试行后，抽检单位从数据库中随机确定，抽样工作由属地渔业主管部门负责组织，属地执法机构和异地承检机构共同参与，检测结果经认可或复检后公开。进一步规范抽检程序和抽检行为，力争通过改革，促进优胜劣汰、优质优价，使抽检工作真正起到保护合法生产者、惩罚违法者的作用。各级渔业主管部门要配合做好抽检制度改革工作，同时，逐步建立健全本辖区内水产品产地抽检制度。

（九）加强水产苗种质量管理工作。按照我部2009年水产苗种专项整治实施方案，各地要按时完成水产苗种场普查登记工作，严格执行水产苗种生产许可证制度，指导和督促苗种场建立健全苗种生产和质量安全管理制度，规范水产苗种生产记录、用药记录和销售记录，加强水产苗种药残抽检，提高水产苗种质量安全水平。对于条件不具备、所生产苗种不合格、相关质量安全制度未建立、拒绝质量抽检或不接受监管的水产苗种场，要依法坚决整顿直至吊销水产苗种生产许可证。我部将尽快出台水生生物资源增殖放流苗种管理办法，凡向天然水域增殖水生生物资源的，其放流苗种必须经过检测合格，并实行招投标制度。禁用药物检测记录不良的水产苗种场不得参与投标。

（十）全面推进水产养殖业执法监管。各级渔业主管部门及其渔政监督管理机构要切实履行法定职责，全面开展养殖水域生态环境、水产养殖生产、水产品质量安全等监督执法，推进执法工作制度化、规范化。加快建立渔业主管部门统一领导，以渔政机构为主，技术推广、质量检验检测和环境监测等机构协作配合的水产养殖业执法工作机制。要重点针对养殖证、水产苗种生产许可证、养殖投入品和企业各项管理记录档案建立情况，切实加大执法检查力度。建立健全执法档案制度和违法单位"黑名单"制度。对已经发现有问题的水产品，一律封塘禁售、严禁转移，坚决杜绝流入市场，对私自起捕出售的要依法从重处罚。已经查明属实的违法案件，要向社会公开曝光。加强执法人员的业务培训，加快建立执法监督检查机制和绩效考核制度。

（十一）逐步推行禁止生产区域划分制度和水产品质量安全

可追溯制度。各级渔业主管部门要贯彻落实《农产品产地安全管理办法》，加强水产品产地安全环境调查、监测与评价，根据监测结果、按照法定程序，建立水产养殖区环境质量预警机制，逐步推行水产养殖区调整或临时性关闭措施。加强水产品产地保护和环境修复，积极开展无公害水产品产地认定，继续实施并不断完善贝类养殖区划型制度。按照《农产品包装和标识管理办法》、《农产品产地证明管理规定》等规章要求，在无公害水产品生产企业、出口原料备案养殖场和健康养殖示范场等基础条件较完善的企业，开展产地准出、市场准入的区域性试点，实现产销对接。逐步试行水产品质量安全可追溯制度。

（十二）增强水产品质量安全突发事件预警处置能力。各级渔业主管部门要按照"预防与善后并重"原则，建立并完善水产品质量安全重大突发事件预警应急处置预案。开展水产品质量安全隐患排查工作，对隐患及苗头性问题，要组织专家对其产生的主要原因、可能暴发的程度、对人体健康、市场供给和产业发展可能造成的影响进行深入分析评估，提出预警和处置意见。要严格执行水产品质量安全重大事件报告制度，不得瞒报、迟报。同时，加强舆情监测，发挥科研、推广、质检和行业协会等方面的作用，及时报告所发现的问题，尽量将事件控制在萌芽状态。一旦事件发生，各级渔业主管部门和有关单位，要立即启动预案，快速应对，密切配合，科学处置，妥善解决。同时，加强正面宣传，澄清事实真相，尽力消除恐慌，引导科学理性食用，保护消费者健康和合法生产者权益。

四、强化保障措施

（十三）全面落实监管责任。各级渔业主管部门要认真贯彻实施《渔业法》、《农产品质量安全法》、《食品安全法》和《国务院关于加强食品等产品安全监督管理的特别规定》等法律法规规定，切实履行好推动水产健康养殖、加强水产品质量安全监管的职责。要加强领导、健全机构、配备专人、明确分工，组织协调好渔政执法、水产品质量检测、水产科研和推广等各方面力量，全面落实属地监管责任，严格执行责任追究制度。要积极争取各级政府对水产品质量安全监管体系建设的重视和支持，加强与兽药、饲料、工商和质检等主管部门的沟通配合，推动建立权责一致、分工合理、运行顺畅、监督有力的水产品质量安全监管长效机制。

（十四）加大资金支持力度。要积极争取各级财政加大对水产养殖业的支持力度，提高水产养殖业在财政支持农业及渔业中的比重，大力推动养殖池塘标准化改造，扩大渔机购置补贴范围和数量，加快水产良种繁育和水生动物防疫体系建设。加强水产品质量安全检验检测体系和执法装备建设，大力支持水产品质量安全监测和执法工作。利用现代农业产业技术体系等财政专项，加强水产健康养殖和水产品质量安全等方面的科学研究，支持基层水产技术推广、水生动物疫病防控和水产品质量监管等公共服务机构的能力建设。

（十五）健全法律法规和标准制度。进一步完善水域滩涂养殖权、水产种苗管理、水生动物防疫、水产品质量安全、养殖业执法和养殖水域生态保护等方面的法律法规和规章制度。加快制修订水产健康养殖技术、重大疫病防控、水产用药物安全使用、有害物质残留及检测等方面的标准和技术规范，进一步完善水产品质量安全标准体系和健康养殖操作规程，不断规范水产苗种繁育和养殖生产行为。

（十六）推进水产养殖业科技进步。加强水产健康养殖和质量安全科技创新，加快建立"从生产中来、到生产中去"的渔业科技工作新机制，提升科技对产业持续健康发展的引领和支撑能力。要组织科技力量，加强水产育种工作，提高优良苗种生产能力和水产养殖良种化水平；开展池塘生态环境修复、湖泊水库和海洋生态增养殖以及节能型工厂化养殖等技术创新，加快实现养殖废水达标排放，保护和改善水域生态环境；开展水产用药物代谢规律研究，研发药物安全使用技术，推进水产养殖科学合理用药；研制能够替代禁用药物的新型渔药和水产疫苗，逐步降低化学药物使用量；加大水产配合饲料研发和推广力度，降低和消除养殖投饵对环境的影响；研究和完善水产品质量安全追溯技术，为加强水产品质量安全监管提供科学手段。

（十七）加强技术培训和宣传教育。加强对养殖生产者、经营者的宣传教育，普及法律知识，增强质量意识，依法规范生产和经营行为。通过深入开展科技入户等工作，积极组织科研、教学和推广单位直接面向基层和养殖生产者，培训水产健康养殖知识，推广先进实用的新品种、新技术、新模式，提高科学养殖水平。积极推进基层水产技术推广体系改革，加强基层水产技术推广体系公益性职能和服务能力建设。充分发挥宣传舆论的导向作用，普及水产品食用营养知识和安全知识，正确引导水产品健康消费，努力扩大消费需求。

二〇〇九年三月十二日

水产养殖质量安全管理规定

中华人民共和国农业部令

第 31 号

《水产养殖质量安全管理规定》，已于 2003 年 7 月 14 日经农业部第 18 次常务会议审议通过，现予发布，自 2003 年 9 月 1 日起实施。

农业部部长
二〇〇三年七月二十四日

第一章 总 则

第一条 为提高养殖水产品质量安全水平，保护渔业生态环境，促进水产养殖业的健康发展，根据《中华人民共和国渔业法》等法律、行政法规，制定本规定。

第二条 在中华人民共和国境内从事水产养殖的单位和个人，应当遵守本规定。

第三条 农业部主管全国水产养殖质量安全管理工作。

县级以上地方各级人民政府渔业行政主管部门主管本行政区域内水产养殖质量安全管理工作。

第四条 国家鼓励水产养殖单位和个人发展健康养殖，减少水产养殖病害发生；控制养殖用药，保证养殖水产品质量安全；推广生态养殖，保护养殖环境。

国家鼓励水产养殖单位和个人依照有关规定申请无公害农产品认证。

第二章　养殖用水

第五条　水产养殖用水应当符合农业部《无公害食品海水养殖用水水质》（NY5052—2001）或《无公害食品淡水养殖用水水质》（NY5051—2001）等标准，禁止将不符合水质标准的水源用于水产养殖。

第六条　水产养殖单位和个人应当定期监测养殖用水水质。

养殖用水水源受到污染时，应当立即停止使用；确需使用的，应当经过净化处理达到养殖用水水质标准。

养殖水体水质不符合养殖用水水质标准时，应当立即采取措施进行处理。经处理后仍达不到要求的，应当停止养殖活动，并向当地渔业行政主管部门报告，其养殖水产品按本规定第十三条处理。

第七条　养殖场或池塘的进排水系统应当分开。水产养殖废水排放应当达到国家规定的排放标准。

第三章　养殖生产

第八条　县级以上地方各级人民政府渔业行政主管部门应当根据水产养殖规划要求，合理确定用于水产养殖的水域和滩涂，同时根据水域滩涂环境状况划分养殖功能区，合理安排养殖生产布局，科学确定养殖规模、养殖方式。

第九条　使用水域、滩涂从事水产养殖的单位和个人应当按有关规定申领养殖证，并按核准的区域、规模从事养殖生产。

第十条 水产养殖生产应当符合国家有关养殖技术规范操作要求。水产养殖单位和个人应当配置与养殖水体和生产能力相适应的水处理设施和相应的水质、水生生物检测等基础性仪器设备。

水产养殖使用的苗种应当符合国家或地方质量标准。

第十一条 水产养殖专业技术人员应当逐步按国家有关就业准入要求，经过职业技能培训并获得职业资格证书后，方能上岗。

第十二条 水产养殖单位和个人应当填写《水产养殖生产记录》（格式见附件1），记载养殖种类、苗种来源及生长情况、饲料来源及投喂情况、水质变化等内容。《水产养殖生产记录》应当保存至该批水产品全部销售后2年以上。

第十三条 销售的养殖水产品应当符合国家或地方的有关标准。不符合标准的产品应当进行净化处理，净化处理后仍不符合标准的产品禁止销售。

第十四条 水产养殖单位销售自养水产品应当附具《产品标签》（格式见附件2），注明单位名称、地址，产品种类、规格，出池日期等。

第四章 渔用饲料和水产养殖用药

第十五条 使用渔用饲料应当符合《饲料和饲料添加剂管理条例》和农业部《无公害食品渔用饲料安全限量》（NY5072—2002）。鼓励使用配合饲料。限制直接投喂冰鲜（冻）饵料，防止残饵污染水质。

禁止使用无产品质量标准、无质量检验合格证、无生产许可证和产品批准文号的饲料、饲料添加剂。禁止使用变质和过期饲料。

第十六条 使用水产养殖用药应当符合《兽药管理条例》和农业部《无公害食品渔药使用准则》（NY5071—2002）。使用药物的养殖水产品在休药期内不得用于人类食品消费。

禁止使用假、劣兽药及农业部规定禁止使用的药品、其他化合物和生物制剂。原料药不得直接用于水产养殖。

第十七条 水产养殖单位和个人应当按照水产养殖用药使用说明书的要求或在水生生物病害防治员的指导下科学用药。

水生生物病害防治员应当按照有关就业准入的要求，经过职业技能培训并获得职业资格证书后，方能上岗。

第十八条 水产养殖单位和个人应当填写《水产养殖用药记录》（格式见附件3），记载病害发生情况、主要症状、用药名称、时间、用量等内容。《水产养殖用药记录》应当保存至该批水产品全部销售后2年以上。

第十九条 各级渔业行政主管部门和技术推广机构应当加强水产养殖用药安全使用的宣传、培训和技术指导工作。

第二十条 农业部负责制定全国养殖水产品药物残留监控计划，并组织实施。

县级以上地方各级人民政府渔业行政主管部门负责本行政区域内养殖水产品药物残留的监控工作。

第二十一条 水产养殖单位和个人应当接受县级以上人民政府渔业行政主管部门组织的养殖水产品药物残留抽样检测。

第五章 附 则

第二十二条 本规定用语定义：

健康养殖 指通过采用投放无疫病苗种、投喂全价饲料及人为控制养殖环境条件等技术措施，使养殖生物保持最适宜生长和发育的状态，实现减少养殖病害发生、提高产品质量的一种养殖方式。

生态养殖 指根据不同养殖生物间的共生互补原理，利用自然界物质循环系统，在一定的养殖空间和区域内，通过相应的技术和管理措施，使不同生物在同一环境中共同生长，实现保持生态平衡、提高养殖效益的一种养殖方式。

第二十三条 违反本规定的，依照《中华人民共和国渔业法》、《兽药管理条例》和《饲料和饲料添加剂管理条例》等法律法规进行处罚。

第二十四条 本规定由农业部负责解释。

第二十五条 本规定自2003年9月1日起施行。

附件1：

水产养殖生产记录

池塘号： ；面积： 亩；养殖种类：

饲料来源		检测单位	
饲料品牌			
苗种来源		是否检疫	
投放时间		检疫单位	

时间	体长	体重	投饵量	水温	溶氧	PH值	氨氮

养殖场名称： 养殖证编号：（ ）养证 [ ] 第 号

养殖场场长： 养殖技术负责人：

附件2：

产品标签

养殖单位	
地址	
养殖证编号	（ ）养证 [ ] 第 号
产品种类	
产品规格	
出池日期	

附件3：

水产养殖用药记录

序号				
时间				
池号				
用药名称				
用量/浓度				
平均体重/总重量				
病害发生情况				
主要症状				
处方				
处方人				
施药人员				
备注				

全国农牧渔业丰收奖奖励办法

农业部关于印发《全国农牧渔业丰收奖奖励办法》的通知

农科教发〔2010〕3号

各省、自治区、直辖市农业(农牧)、农机、畜牧、兽医、农垦、渔业厅(委、局),新疆生产建设兵团农业局,各农业科学院、农业大学,部属有关单位:

  为使全国农牧渔业丰收奖奖励工作更好地适应现阶段农业发展的新要求,我部对2001年颁布的《全国农牧渔业丰收奖奖励办法》进行了修订。现将新修订的《全国农牧渔业丰收奖奖励办法》印发你们,请遵照执行。

二〇一〇年九月十四日

第一章 总 则

  第一条 为做好全国农牧渔业丰收奖奖励工作,调动广大农业科技人员的积极性和创造性,加快农业科技成果转化和应用,促进科教兴农和现代农业发展,根据《中华人民共和国农业技术推广法》和国家有关规定,制定本办法。

  第二条 全国农牧渔业丰收奖(以下简称丰收奖)是农业部设立的农业技术推广奖,用于奖励在农业技术推广活动中做出突出贡献的集体和个人,包括下列奖项:

（一）农业技术推广成果奖；

（二）农业技术推广贡献奖；

（三）农业技术推广合作奖。

丰收奖每三年开展一次。

第三条 农业部设立全国农牧渔业丰收奖奖励委员会（以下简称奖励委员会），其主要职责是：

（一）拟订丰收奖奖励政策；

（二）指导和监督丰收奖评审工作；

（三）审核丰收奖拟获奖项目、人员及等级。

奖励委员会下设办公室（以下简称奖励办公室），负责丰收奖的评审组织和日常管理工作。奖励办公室设在农业部科技教育司。

第二章 奖励范围和数量

第四条 农业技术推广成果奖奖励取得显著经济、社会和生态效益的农业技术推广项目，设一、二、三等奖，其中一等奖约占15%，二等奖约占40%，三等奖约占45%，每次奖励不超过400项。

第五条 农业技术推广贡献奖奖励长期在农业生产一线从事技术推广或直接从事农业科技示范工作，并做出突出贡献的农业技术推广人员和农业科技示范户，每次奖励不超过500人，其中基层农业技术推广人员占70%以上。

第六条 农业技术推广合作奖奖励在农业技术推广活动中做出重要贡献的农科教、产学研、相关组织等合作团队，每次奖励不超过20个。

第三章 评审标准

第七条 农业技术推广成果奖

（一）一等奖

1. 主要技术经济指标居国内领先水平；

2. 总体技术水平居国内领先，技术集成创新与转化能力很强，技术普及率很高；

3. 推广方法与机制有重大创新，组织管理水平国内领先；

4. 推进产业发展，经济效益、社会效益和生态效益巨大，农民增收很显著。

（二）二等奖

1. 主要技术经济指标居国内先进水平；

2. 总体技术水平国内先进，技术集成创新与转化能力强，技术普及率高；

3. 推广方法与机制有较大创新，组织管理水平国内先进；

4. 推进产业发展，经济效益、社会效益和生态效益重大，农民增收显著。

（三）三等奖

1. 主要技术经济指标居省（自治区、直辖市）内领先水平；

2. 总体技术水平省（自治区、直辖市）内领先，技术集成创新与转化能力较强，技术普及率较高；

3. 推广方法与机制有一定创新，组织管理水平省（自治区、直辖市）内领先；

4. 推进产业发展，经济效益、社会效益和生态效益较大，农民增收较显著。

第八条　农业技术推广贡献奖

（一）基层农业技术推广人员具备以下5项条件中的任意3项，科教单位及地市级以上推广部门人员具备以下5项条件，可入选农业技术推广贡献奖：

1. 为服务区引进推广重大农业技术3项以上（其中，近5年来不少于1项），推广普及率达到50%以上，项目区增产或增收10%以上；

2. 获得地（市）级（含）以上的科技成果奖励、工作奖励2项以上（其中，近3年来不少于1项）；

3. 在创新基层农技推广方式方法和服务机制、培育农业社会化服务组织、开发特色农业等方面业绩突出；

4. 示范推广重大集成创新技术和技术发明，并取得显著经济、社会和生态效益；

5. 参加省（部）级以上重大科技专项，并做出突出贡献。

（二）具备以下第1、2项并具备第3、4项之一的农业科技示范户可入选农业技术推广贡献奖：

1. 采用新品种或新技术3项以上，经县级农业（科技）主管部门验收，产量（效益）居本县领先地位连续3年以上；

2. 在划定的示范区域内带动同产业农户三分之二以上，对推动农业产业化做出突出贡献；

3. 近5年内，获得过县级（含）以上政府、产业（科技）部门或省级以上产业协会表彰奖励；

4. 通过种养技术（品种）的自主改良，实现节本增效，经县级（含）以上有关部门认定具有重要推广价值。

第九条　农业技术推广合作奖

同时具备下列条件的合作团队可入选农业技术推广合作奖：

（一）连续多年合作开展农业技术推广工作，对农业生产做出显著贡献；

（二）具有明确的目标任务、长效的合作机制，形成具有重要推广价值的技术推广模式；

（三）带动基层农技推广能力明显提升，促进产业快速发展。

第四章　申报条件

第十条　申报农业技术推广成果奖，应当具备以下条件：

（一）近三年内通过有关部门组织验收或评价（鉴定）的推广成果；

（二）农产品质量符合地方、行业或国家标准；

（三）具有成果应用证明；

（四）推广或创新技术中的有关物化新成果必须符合有关规定；

（五）无重复报奖内容；

（六）成果无争议；

（七）知识产权明晰，无纠纷。

推广项目的核心技术获得植物新品种权、专利等知识产权的，优先申报。

第十一条　申报农业技术推广贡献奖，应当具备以下条件：

（一）具有高尚的职业道德和社会公德、过硬的业务素质和服务技能，遵纪守法，得到当地农民群众的广泛认可；

（二）基层农业技术推广人员须具备中专以上学历或取得三

级以上农业职业技能鉴定证书，连续从事基层农业技术推广工作15年以上，或连续在乡镇（含区片）站从事农技推广工作10年以上，常年有三分之二以上的工作时间在生产一线从事技术推广，近10年来无重大技术事故或连带责任；

（三）科教单位及地市级以上推广部门人员须连续从事农业技术推广工作10年以上，常年有二分之一以上的工作时间在生产一线从事技术推广，无技术事故或连带责任；

（四）农业科技示范户须具备初中以上学历，获得有关农民技术培训证书；被当地农业部门连续确定为科技示范户5年以上，生产规模达到当地中等以上，在当地发挥重要农业科技示范带动作用。

已经获得农业技术推广贡献奖的人员不再申报。

第十二条　申报农业技术推广合作奖，应当具备以下条件：

（一）两个系统以上的单位在基层紧密合作开展农业技术推广活动；

（二）合作成果得到当地政府和农民的认可；

（三）连续合作3年以上。

第五章　主要完成人和单位

第十三条　农业技术推广成果奖主要完成人

（一）一、二、三等奖项目主要完成人最多25人；

（二）主要完成人必须是参加本项目实际工作三分之一以上时间，对项目的设计、技术集成创新、示范推广、技术咨询、培训和开发等方面做出重大贡献者；

（三）主要完成人中县及县以下基层技术人员比例不得低于

70%，乡镇农技人员和农民技术员所占比例不少于总人数的30%；

（四）主要完成人按照贡献大小排序，填写主要完成人情况表，并由本人签名，所在单位盖章；

（五）主要完成人不能作为本项目的验收或评价（鉴定）小组成员。

第十四条 农业技术推广成果奖主要完成单位

（一）主要完成单位必须是在农业技术推广工作中做出突出贡献的单位，并且须具有法人资格；

（二）主要完成单位最多8个。

第十五条 农业技术推广合作奖主要完成人和单位

（一）每个合作单位主要完成人不超过10人，主要完成人总数不超过30人；

（二）主要合作单位不得少于3个。

第十六条 凡获得丰收奖个人荣誉证书的人员，均为丰收奖主要完成人。

行政机关、公务员不得作为丰收奖主要完成单位和主要完成人。

一个人不得同时作为丰收奖两个以上报奖项目的主要完成人。

第六章　农业技术推广成果奖
技术评价和经济效益计算

第十七条 技术评价

（一）技术评价包含项目验收或成果评价（鉴定）。地方单位牵头完成的成果由所在省级行政主管部门组织验收或评价（鉴定）；部属单位牵头完成的成果由项目下达单位或农业部科技成果管理部门组织验收或评价（鉴定）。

（二）技术评价材料包括：项目工作和技术总结、经济效益计算，主要完成人员和主要完成单位情况表。

第十八条 经济效益计算

（一）报奖项目经济效益按奖励办公室规定的经济效益计算办法进行。

（二）经济效益计算需要填写主要参数，并注明使用价格，产量数据要注明统计部门和测产验收数据。

第七章 评审机构及职责

第十九条 由省、自治区、直辖市农业厅（委、局）牵头，会同农机、畜牧、兽医、农垦和渔业等部门组织成立丰收奖省级评审小组，负责本省丰收奖的申报、初评和推荐等工作。评审小组由农业科研、教学、推广、行政单位专家7—9人组成（其中行政管理人员不超过2人，并兼顾有关行业专家）。评审小组名单报奖励办公室备案。

部属单位申报的丰收奖由奖励办公室组织科研、推广和行政单位专家7—9人进行初评。

第二十条 奖励办公室成立专家组负责丰收奖评审工作，提出获奖人选、奖励种类及等级建议，报奖励委员会审核。

第八章 推荐和评审

第二十一条 农业技术推广成果奖初评

（一）省级评审小组根据下达的评奖指标和要求，组织开展申报和初评工作，初评结果报送奖励办公室。初评为一、二等奖的不排名次，三等奖的按名次排序。

（二）奖励办公室组织专家对部属单位报送的材料进行初评。初评为一、二等奖的不排名次，三等奖的按名次排序。

（三）申报农业技术推广成果奖须提供以下材料：

1. 申报书；

2. 主要完成人情况表；

3. 项目工作总结、技术总结；

4. 成果验收或评价（鉴定）证书；

5. 县级以上农业或统计部门成果应用证明（项目实施区域3个县以上的，至少3个县提供证明；3个县以下的，每县提供证明）；

6. 经济效益报告（含计算过程）；

7. 项目合同书或计划任务书（或实施方案）。

第二十二条 农业技术推广贡献奖、农业技术推广合作奖推荐

（一）省级评审小组和农业部部属单位根据下达的推荐名额，组织推荐农业技术推广贡献奖候选人、农业技术推广合作奖候选团队。

（二）申报农业技术推广贡献奖须填写推荐表，按评审标准提供相应的证明材料。

（三）申报农业技术推广合作奖须提供以下材料：

1. 申报书；

2. 主要完成单位情况表；

3. 主要完成人情况表；

4. 工作总结；

5. 相应的证明材料。

第二十三条 评审

（一）奖励办公室对初评项目和候选人、候选团队进行形式审查。对不符合规定的，要求申报和推荐单位在规定的时间内补正；逾期不补正或经补正仍不符合要求的，视为撤回。

（二）专家组对经形式审查合格的初评为一、二等奖的项目和候选人、候选团队进行评审，对初评为三等奖的项目进行复核。

（三）评审以无记名投票方式表决，评审结果须由到会评审专家的二分之一以上通过。

第二十四条 评审结果经奖励委员会审核后由奖励办公室对评审结果进行公示。待异议处理完毕后，报主管部长批准。

第二十五条 农业部对获奖的单位和个人颁发奖状、奖励证书。

第九章 异议处理及获奖成果追踪

第二十六条 丰收奖实行异议制度。任何单位或者个人可在自评审结果公示之日起10个工作日内（以材料寄出邮戳时间为准）向奖励办公室提出书面异议，同时必须提供相关的证明材料。单位提出异议的，应在异议材料上加盖公章并注明联系方式；个人提出异议的，需写明工作单位和联系方式，签署真实姓名。逾期提出或者不符合要求的异议不予受理。

奖励等级不属于异议范围。

第二十七条 异议分为实质性异议和非实质性异议。凡因项目内容不实所提的异议为实质性异议；对主要完成人、主要完成单位及其排序的异议为非实质性异议。

第二十八条 实质性异议由奖励办公室负责处理，省级农业厅（委、局）协助调查并提出初步处理意见。处理程序：

（一）责成被异议方书面回复有关异议内容，陈述理由，并及时提供相关证明材料；必要时，省级农业厅（委、局）派人调查核实情况；

（二）省级农业厅（委、局）根据异议双方提交的材料或者根据调查核实的情况，形成初步处理意见，并通知异议双方，征求双方意见；

（三）若异议双方认同初步处理意见，应在异议处理书上签字；省级农业厅（委、局）将处理结果报奖励办公室备案，视为异议处理完毕；

（四）若异议方或被异议方对初步处理意见持不同意见，由省级农业厅（委、局）将异议材料报奖励办公室处理；必要时，奖励办公室组织有关专家调查核实情况，或者请异议双方到场答辩，形成处理意见，并将结果告知异议双方，视为异议处理完毕。

第二十九条 非实质性异议由省级农业厅（委、局）、部属单位处理。处理程序：

（一）责成被异议方书面答复有关异议内容；

（二）协调异议双方意见，必要时可聘请有关专家调查核实情况，形成处理意见；

（三）将处理意见及时通知异议双方，并报奖励办公室备案,视为异议处理完毕。

第三十条 异议自评审结果公示之日起20个工作日内未处理完毕的,取消其本次获奖资格;20个工作日以后处理完毕且无异议的,以后可重新申报。

第三十一条 农业部及省级农业厅(委、局)不定期对获奖项目、团队和个人进行检查。如发现有弄虚作假,即撤销其获奖资格,追回奖状、奖励证书,并通报批评。

第十章 附 则

第三十二条 本办法自公布之日起实施,2001年11月16日农业部发布的《农牧渔业丰收奖奖励办法》(农科教发〔2001〕24号)同时废止。

全国农牧渔业丰收奖奖励办法实施细则

农业部办公厅关于印发
《全国农牧渔业丰收奖奖励办法实施细则》的通知
农办科〔2013〕2号

各有关单位：

为进一步做好全国农牧渔业丰收奖（以下简称"丰收奖"）奖励工作，完善并细化丰收奖奖励办法，保证丰收奖的申报、推荐和评审质量，促进农业科技成果向现实生产力快速转化，根据《全国农牧渔业丰收奖奖励办法》，制订了《全国农牧渔业丰收奖奖励办法实施细则》，现予以印发，请遵照执行。

农业部办公厅
2013年1月7日

第一章 总 则

第一条 全国农牧渔业丰收奖（以下简称"丰收奖"）是农业部授予在基层农业技术推广一线做出创造性突出贡献的农业科技人员或组织的荣誉。为做好奖励工作，保证丰收奖的申报、推荐和评审质量，根据《全国农牧渔业丰收奖奖励办法》，制订本细则。

第二条 本细则适用于丰收奖的申报、推荐、评审、授奖等各项活动。

第三条 丰收奖奖励工作以科学发展观为指导，以促进农业科技成果向现实生产力转化为目标，以调动广大农业科技与推广人员的工作积极性为目的，鼓励农技推广人才扎根基层，服务生产一线，鼓励农业技术研究、教育、推广队伍团结协作、联合攻关，不断探索农技推广新模式，提高农技推广能力和效率。

第四条 丰收奖包括农业技术推广成果奖、贡献奖和合作奖三种奖项。成果奖设一、二、三等奖，贡献奖和合作奖不分设奖励等级。获奖人员在晋升职称、职务、评选先进时，成果奖一、二、三等奖分别按丰收奖一、二、三等奖对待，贡献奖和合作奖均按丰收奖一等奖对待。丰收奖每三年评一次。丰收奖的推荐、评审和授奖，遵循公开、公平、公正的原则，实行科学的评审制度。

第五条 凡获得丰收奖个人荣誉证书的人员，均为丰收奖主要完成人。行政机关、公务员不得作为丰收奖主要完成单位和主要完成人。在项目中仅从事组织管理和辅助服务的工作人员，不得作为丰收奖的主要完成人。同一人同一年度内不得同时作为丰收奖两个以上（含两个）报奖项目的主要完成人。

第六条 主要完成人不能作为本项目的验收或评价（鉴定）小组成员。丰收奖授奖证书不作为确定科学技术成果权属的直接依据。

第二章　组织管理

第七条 丰收奖奖励委员会（以下简称"奖励委员会"）

是丰收奖的决策管理机构,设在农业部,负责制订丰收奖奖励政策,指导和监督丰收奖评审工作,审定丰收奖拟获奖项目、人员及等级。奖励委员会由农业部部领导、相关行业司局负责同志和有关农业科技专家组成。下设办公室(以下简称"奖励办公室"),奖励办公室设在农业部科技教育司,负责丰收奖的组织评审和日常管理工作以及农业部部属三院、有关部属事业单位申报丰收奖的初评工作。

第八条 丰收奖省级评审小组是丰收奖在地方的组织管理机构,由各省(区、市)农业厅(委、局)牵头成立,负责本省丰收奖的申报、初评和推荐工作。省级评审小组由本省从事农业科研、教学、推广以及行政管理的专家代表7—9人组成,其中行政管理专家不得超过2人,并兼顾行业和学科平衡。

第九条 丰收奖评审专家组是丰收奖的执行评审机构,由奖励办公室组建,负责对全国经过初评后推荐的丰收奖进行评审,并提出获奖项目及等级和人选、团队建议,报奖励委员会审核。

第三章 农业技术推广成果奖

第十条 奖励范围:国家、地方财政资助或个人、社团自行组织实施的农业技术推广项目。

第十一条 奖励数量:每次奖励不超过400项。设一、二、三等奖,其中一等奖约占15%,二等奖约占40%,三等奖约占45%。

第十二条 评审标准:

(一)一等奖

1. 主要技术经济指标居国内领先水平，与国内同类先进技术相比，其主要技术（性能、性状、工艺等）参数、经济（投入产出比、性能价格比、成本、规模、效益等）参数取得系列或者特别重大进步，引起该学科或者相关学科领域的突破性发展，为国内外同行所认可；

2. 总体技术水平居国内领先，技术集成创新与转化能力很强，技术普及率很高；

3. 推广方法与机制有重大创新，组织管理水平国内领先；

4. 推进产业发展，经济效益、社会效益和生态效益巨大，农民增收很显著。

（二）二等奖

1. 主要技术经济指标居国内先进水平，与国内同类技术相比，其主要技术（性能、性状、工艺等）参数、经济（投入产出比、性能价格比、成本、规模、效益等）参数取得显著进步，引起该学科或者相关学科领域的重大发展，为国内同行所认可；

2. 总体技术水平国内先进，技术集成创新与转化能力强，技术普及率高；

3. 推广方法与机制有较大创新，组织管理水平国内先进；

4. 推进产业发展，经济效益、社会效益和生态效益重大，农民增收显著。

（三）三等奖

1. 主要技术经济指标居省（自治区、直辖市）内领先水平，与省（自治区、直辖市）同类技术相比，其主要技术（性能、性状、工艺等）参数、经济（投入产出比、性能价格比、成本、规模、效益等）参数取得重大进步，推动了区域产业结构调整和优化升级，提高了企业和相关行业竞争能力，为本区域同行所认可；

2. 总体技术水平省（自治区、直辖市）内领先，技术集成创新与转化能力较强，技术普及率较高；

3. 推广方法与机制有一定创新，组织管理水平省（自治区、直辖市）内领先；

4. 推进产业发展，经济效益、社会效益和生态效益较大，农民增收较显著。

第十三条 申报条件：

（一）近3年内（以申报截止日期上溯3年）通过有关部门组织验收或评价（鉴定）的推广成果；

（二）农产品质量符合地方、行业或国家标准，其中转基因动植物和微生物及其含有转基因成分的产品和加工品，须提交国务院农业行政主管部门颁发的转基因生物安全证书、生产许可证和省级农业行政主管部门颁发的相关生产、加工批准文件的彩色复印件；

（三）具有近三年的成果应用证明，内容主要包括成果名称、推广应用单位（盖章）、推广应用起止时间、近三年的经济效益（包括新增产值、新增利税和年增收节支总额，单位：万元）以及推广应用产生的社会和经济效益；

（四）推广或创新技术中的有关物化新成果必须符合下列规定：

1. 技术发明成果应附有专利证书复印件；

2. 动植物育种类成果应附有品种审定（鉴定）证书复印件；获得植物新品种权的，应附有品种权证书复印件；

3. 肥料类（含生物肥料）、土壤调节剂应附有肥料登记证复印件；

4. 农药（含生物农药）和植物生长调节剂应附有农药登记证复印件；

5. 兽药（生物兽药）应附有新兽药注册证或生产许可证复印件；

6. 饲料或饲料添加剂应附有生产许可证复印件；

7. 保密成果应附有同级涉密管理机关出具的证明文件复印件。

（五）无重复报奖内容。已获得国家奖、部级奖的成果，不得再次申报丰收奖；获得过省级及以下奖励的成果可申报丰收奖；

（六）成果无争议；

（七）知识产权明晰，无纠纷。

推广项目的核心技术获得动植物新品种权、专利等知识产权的，优先申报。

第十四条 主要完成人和单位：

（一）主要完成人

1. 不超过25人，按照贡献大小排序；

2. 须参加本项目实际工作三分之一以上时间，并对项目的设计、技术集成创新、示范推广、技术咨询、培训和开发等方面做出重大贡献；

3. 县及县以下基层技术人员比例不得低于70%，乡镇农技人员和农民技术员所占比例不少于总人数的30%。

（二）主要完成单位

1. 不超过8个；

2. 具有法人资格，并在农业技术推广工作中做出突出贡献。

第十五条 申报材料：

（一）申报书；

（二）主要完成人情况表；

（三）项目工作总结、技术总结；

（四）成果验收或评价（鉴定）证书。地方单位牵头完成的成果须是项目下达单位组织或委托项目承担单位主管部门主持验收、评价（鉴定）的成果；自行组织推广的项目成果须是所在地市级以上行政主管部门组织验收、评价（鉴定）的成果；

（五）县级以上农业或统计部门成果应用证明（项目实施区域3个县以上的，至少3个县提供证明；3个县以下的，每县提供证明）；

（六）经济效益报告。经济效益由申报单位自行计算，须填写主要参数，注明使用价格，并说明详细计算过程。产量数据、推广面积、市场价格等须标明统计部门名称，附有测产验收数据；

（七）项目合同书或计划任务书或实施方案。

第十六条 申报与评审程序：

（一）申报与评审工作须通过奖励办公室建立的"丰收奖管理信息系统"完成。

（二）省级评审小组根据奖励委员会下达的推荐名额和要求，组织开展本省申报和初评工作。申报单位在申报时，应对申报项目全部内容在本单位公告栏进行为期3天的公示。初评结果须在本省公示7天。如无异议，以正式文件报送奖励办公室；如有异议，须在奖励办公室规定的申报截止日期内对异议进行甄别处理后，无异议的方可推荐，逾期不得向奖励办公室推荐。初评为一、二等奖的不排序，三等奖排序。

（三）部属单位科技管理部门根据奖励委员会下达的推荐名额和要求，组织开展本单位申报工作，并以正式文件报送材料，奖励办公室组织专家对各单位进行初评。初评为一、二等奖的不排序，三等奖排序。

（四）奖励办公室对初评奖项进行形式审查。对不符合规定的，要求申报和推荐单位在规定的时间内补正；逾期不补正或经补正仍不符合要求的，视为撤回申报。

（五）奖励办公室组织召开评审会，由评审专家组对经形式审查合格的初评为一、二等奖的奖项进行评审，对初评为三等奖的奖项进行复核。具体评审办法：专家组对初评为一、二等奖的农业技术推广成果项目进行差额评审，未评选上一、二等奖的项目直接列入三等奖，且置顶排序，初评为三等奖的项目经专家组复核后进行末位淘汰。

（六）评审采用无记名投票方式，评审结果达到会评审专家的二分之一以上方为通过。

第十七条 评审结果经奖励委员会审核后由奖励办公室对评审结果进行公示。最终结果由主管部长签发公布。

第十八条 农业部对获奖的单位和个人颁发奖状和奖励证书。证书内容主要包括项目名称、奖励等级、获奖者姓名、获奖者身份证号、获奖者单位名称等。

第四章 农业技术推广贡献奖

第十九条 奖励范围：长期在农业生产一线从事技术推广

或直接从事农业科技示范工作,并做出突出贡献的农业技术推广人员和农业科技示范户。

第二十条 奖励数量:每次奖励不超过500人,其中县及县以下农业技术推广人员占70%以上,乡镇(或区域站)级农业技术推广人员占县及县以下农业技术推广人员总量的60%以上。

第二十一条 评审标准:

(一)科研、教学单位及地市级以上推广部门人员

以下5条标准须同时具备。

1. 为服务区引进推广重大农业技术3项(含)以上(其中,近5年来不少于1项),推广普及率达到50%以上,促进项目区增产或增收10%以上;

2. 获得地(市)级(含)以上的科技成果奖励、工作奖励2项(含)以上(其中,近3年来不少于1项);

3. 在创新基层农技推广方式方法和服务机制、培育农业社会化服务组织、开发特色农业等方面业绩突出;

4. 示范推广重大集成创新技术和技术发明,并取得显著经济、社会和生态效益;

5. 参加省(部)级以上重大科技专项,并做出突出贡献。

(二)县及县以下农业技术推广人员

须具备上述5项评审标准中的任意3项。

(三)农业科技示范户

须具备以下第1、2项条件,并具备第3、4项之一。

1. 采用新品种或新技术3项(含)以上,经县级农业(科技)主管部门验收,产量(效益)居本县领先地位连续3年(含)以上;

2. 在划定的示范区域内带动同产业农户三分之二以上，对推动农业产业化做出突出贡献；

3. 近5年内，获得过县级（含）以上政府、产业（科技）部门或省级以上产业协会表彰奖励；

4. 通过种养技术（品种）的自主改良，实现节本增效，经县级以上（含县级）有关农业部门认定具有重要推广价值。

第二十二条 申报条件：

（一）科教单位及地市级以上推广部门人员

1. 具有高尚的职业道德和社会公德、过硬的业务素质和服务技能，遵纪守法，得到当地农民群众或行业的广泛认可；

2. 须连续从事农业技术推广工作10年（含）以上，常年有二分之一以上的工作时间在乡镇（含区片）站的生产一线从事技术推广，无技术事故或连带责任。

（二）县及县以下农业技术推广人员

1. 具有高尚的职业道德和社会公德、过硬的业务素质和服务技能，遵纪守法，得到当地农民群众的广泛认可；

2. 须具备中专以上学历或取得三级以上农业职业技能鉴定证书，连续从事基层农业技术推广工作15年（含）以上，或连续在乡镇（含区片）站从事农业技术推广工作10年（含）以上，常年有三分之二以上的工作时间在县及县以下的生产一线从事技术推广，近10年来无重大技术事故或连带责任。

（三）农业科技示范户

1. 具有高尚的社会公德、较高的技术示范水平和服务技能，遵纪守法，得到当地农民群众的广泛认可；

2. 须具备初中以上学历，获得有关农民技术培训证书；被当地农业部门连续确定为科技示范户 5 年（含）以上，生产规模达到当地中等以上，在当地发挥重要农业科技示范带动作用。

曾经获得过农业技术推广贡献奖的人员不得申报。

第二十三条 申报材料：

（一）推荐表；

（二）基于评审标准的相关证明材料，具体要求如下：

1. 科教单位及地市级以上推广部门人员

（1）连续从事农业技术推广工作 10 年（含）以上，常年有二分之一以上的工作时间在生产一线从事技术推广的证明材料，由申报人所在单位出具；

（2）无技术事故或连带责任证明材料，由申报人所在单位出具；

（3）为服务区引进推广重大农业技术 3 项（含）以上，其中近 5 年来不少于 1 项的证明材料，由申报人所在服务区乡镇政府或县级农业行政主管部门出具；因引进推广重大农业技术而取得的显著经济、社会和生态效益证明材料，由申报人所在服务区的县级农业行政主管部门出具；

（4）获得地（市）级（含）以上的科技成果奖励、工作奖励 2 项（含）以上，其中近 3 年来不少于 1 项的证明材料，由申报人出具原件，申报单位审核并在复印件上加盖单位公章；

（5）在创新基层农技推广方式方法和服务机制、培育农业社会化服务组织、开发特色农业等方面业绩突出的证明材料，由申报人所在单位出具；

（6）参加省（部）级以上重大科技专项，并做出突出贡献的证明材料，由申报人提供相关项目文件。

2. 县及县以下农业技术推广人员

(1) 中专以上学历证书或三级以上农业职业技能鉴定证书复印件,由申报人提供;

(2) 连续从事基层农业技术推广工作15年(含)以上,或连续在乡镇(含区域)站从事农业技术推广工作10年(含)以上,常年有三分之二以上的工作时间在生产一线从事技术推广的证明材料,由申报人所在单位出具;

(3) 近10年来无重大技术事故或连带责任的证明材料,由申报人所在单位出具;

(4) 为服务区引进推广重大农业技术3项(含)以上,其中,近5年来不少于1项证明,由申报人所在服务区乡镇政府或县级农业行政主管部门出具;因引进推广重大农业技术而取得的显著经济、社会和生态效益证明材料,由申报人所在服务区的县级农业行政主管部门出具;

(5) 获得地(市)级(含)以上的科技成果奖励、工作奖励2项(含)以上,其中近3年来不少于1项的证明材料,由申报人所在单位出具;

(6) 在创新基层农技推广方式方法和服务机制、培育或领办农业社会化服务组织、开发特色农业等方面业绩突出的证明材料,由申报人所在单位出具;

(7) 参加省(部)级以上重大科技专项,并做出突出贡献的证明材料,由申报人提供相关项目文件。

3. 农业科技示范户

(1) 初中以上学历和有关农民技术培训经历的证明材料,由申报人提供原件,县级农业行政主管部门审核并在复印件上加盖公章；

（2）连续5年（含）以上被确定为科技示范户，生产规模达到当地中等以上，在当地发挥重要农业科技示范带动作用的证明材料，由申报人所在县级农业行政主管部门出具；

（3）采用新品种或新技术3项（含）以上，且经县级农业（科技）主管部门验收，连续3年（含）以上产量（效益）居本县领先地位的证明材料，由申报人所在县级农业行政主管部门出具；

（4）在划定的示范区域内带动同产业农户三分之二以上，且对推动农业产业化（领办农业合作化组织）做出突出贡献的证明材料，由申报人所在乡镇政府或县级农业行政主管部门出具；

（5）近5年内，获得过县级（含）以上政府、产业（科技）部门或省级以上产业协会表彰奖励，申报人提供原件，县级农业行政主管部门审核，并在复印件上加盖单位公章；

（6）通过种养技术（品种）的自主改良，实现节本增效，且经县级（含）以上有关部门认定具有重要推广价值的证明材料，由申报人所在县级农业行政主管部门出具。

第二十四条 申报与评审程序：

（一）申报与评审工作须通过奖励办公室建立的"丰收奖管理信息系统"完成。

（二）省级评审小组根据奖励委员会下达的推荐名额和要求，组织开展本省申报和初评工作。申报单位在申报时，应对申报项目全部内容在本单位公告栏进行为期3天的公示。初评结果须在本省公示7天。如无异议，以正式文件报送奖励办公室；

如有异议,须在奖励办公室规定的申报截止日期内对异议进行甄别处理后,无异议的方可推荐,逾期不得向奖励办公室推荐。

(三)部属单位科技管理部门根据奖励委员会下达的推荐名额和要求,组织开展本单位申报工作,并将申报材料以正式文件报送奖励办公室。

(四)奖励办公室对初评和推荐来的奖项进行形式审查。对不符合规定的,要求申报和推荐单位在规定的时间内补正;逾期不补正或经补正仍不符合要求的,视为撤回申报。

(五)奖励办公室组织召开评审会,由评审专家组对形式审查合格的农业技术推广贡献奖候选人进行差额评审。评审采用无记名投票方式,评审结果达到到会评审专家的二分之一以上方为通过。

第二十五条 评审结果经奖励委员会审核后由奖励办公室对评审结果进行公示。最终结果由主管部长签发公布。

第二十六条 农业部对获奖的单位和个人颁发奖状、奖励证书。证书内容主要包括项目名称、奖励等级、获奖者姓名、获奖者身份证号、获奖者单位名称等。

第五章 农业技术推广合作奖

第二十七条 奖励范围:在农业技术推广活动中做出重要贡献的农科教、产学研、相关组织等合作团队。

第二十八条 奖励数量:每次奖励不超过20个。

第二十九条 评审标准:

(一)连续多年合作开展农业技术推广工作,对农业生产做出显著贡献;

（二）具有明确的目标任务、长效的合作机制，形成具有重要推广价值的技术推广模式；

（三）带动基层农业技术推广能力明显提升，促进产业快速发展；

（四）带动当地某项产业快速发展，并形成主导产业，创立品牌或取得无公害、绿色、有机等认证。

第三十条　申报条件：

（一）两个系统以上的单位在基层紧密合作开展农业技术推广活动；

（二）合作成果得到当地政府和农民的认可；

（三）连续合作3年（含）以上。

第三十一条　主要完成人和单位：

（一）主要完成人总数不超过30人；

（二）主要合作单位不少于3个；

（三）每个合作单位的主要完成人不超过10人。

第三十二条　申报材料：

（一）申报书；

（二）主要完成单位情况表；

（三）主要完成人情况表；

（四）工作总结；

（五）连续合作3年（含）以上的证明材料。

第三十三条　申报与评审程序：

（一）申报与评审工作须通过奖励办公室建立的"丰收奖管理信息系统"完成。

（二）省级评审小组根据奖励委员会下达的推荐名额和要

求，组织开展本省申报和初评工作。申报单位在申报时，应对申报项目全部内容在本单位公告栏进行为期3天的公示。初评结果须在本省公示7天。如无异议，以正式文件报送奖励办公室；如有异议，须在奖励办公室规定的申报截止日期内对异议进行甄别处理后，无异议的方可推荐，逾期不得向奖励办公室推荐。

（三）部属单位科技管理部门根据奖励委员会下达的推荐名额和要求，组织开展本单位申报工作。奖励办公室组织专家对各单位以正式文件报送的材料进行初评。

（四）奖励办公室对初评奖项进行形式审查。对不符合规定的，要求申报和推荐单位在规定的时间内补正；逾期不补正或经补正仍不符合要求的，视为撤回申报。

（五）奖励办公室组织召开评审会，由评审专家组对形式审查合格的农业技术推广合作奖候选团队进行差额评审。评审采用无记名投票方式，评审结果达到到会评审专家的二分之一以上方为通过。

第三十四条 评审结果经奖励委员会审核后由奖励办公室对评审结果进行公示。最终结果由主管部长签发公布。

第三十五条 农业部对获奖的单位和个人颁发奖牌、奖励证书。证书内容主要包括项目名称、奖励等级、获奖者姓名、获奖者身份证号、获奖者单位名称等。

第六章 异议处理

第三十六条 丰收奖实行异议制度。任何单位或者个人可在自评审结果公示之日起15个工作日内（以材料寄出邮戳时间为准）通过电话或传真、电子邮件、信件向奖励办公室提出异议，但必须提供相关纸质证明材料。单位提出异议的，应在异议材料上加盖公章并注明联系方式；个人提出异议的，需写明工作单位和联系方式，签署真实姓名。逾期提出或者不符合要求的异议不予受理。

第三十七条 异议分为实质性异议和非实质性异议。凡因项目内容不实所提的异议为实质性异议；对主要完成人、主要完成单位及其排序的异议为非实质性异议。奖励等级不属于异议范围。

第三十八条 实质性异议由奖励办公室负责处理，省级农业厅（委、局）协助调查并提出初步处理意见。处理程序：

（一）责成被异议方书面回复有关异议内容，陈述理由，并及时提供相关证明材料；必要时，省级农业厅（委、局）派人调查核实情况；

（二）省级农业厅（委、局）根据异议双方提交的材料或者根据调查核实的情况，形成初步处理意见，并通知异议双方，征求双方意见；

（三）若异议双方认同初步处理意见，应在异议处理书上签字；省级农业厅（委、局）将处理结果报奖励办公室备案，视为异议处理完毕；

（四）若异议方或被异议方对初步处理意见持不同意见，由省级农业厅（委、局）将异议材料报奖励办公室处理；必要时，奖励办公室组织有关专家调查核实情况，或者请异议双方到场答辩，形成处理意见。书面处理意见送达异议双方后，视为异议处理完毕。

第三十九条 非实质性异议由省级农业厅（委、局）、部属单位处理。处理程序：

（一）责成被异议方书面答复有关异议内容；

（二）协调异议双方意见，必要时可聘请有关专家调查核实情况，形成处理意见；

（三）将处理意见及时通知异议双方，并报奖励办公室备案。

如省级农业厅（委、局）或部属单位提出处理意见后，该申报成果仍存在非实质性异议，奖励办公室将取消该申报成果的评奖资格，不再进行递补评选，并视情况核减相关上报部门下一轮丰收奖的申报名额。

第四十条 异议自评审结果公示之日起20个工作日内未处理完毕的，取消其本次获奖资格。

第四十一条 农业部及省级农业厅（委、局）不定期对获奖项目、团队和个人进行检查。如发现有弄虚作假，即撤销其获奖资格，追回奖状、奖励证书，并通报批评。

第四十二条 申报项目（候选人、候选团队）经奖励办公室公示后原则上不允许退出，如确需退出的，由推荐单位以书面方式向奖励办公室提出申请，经奖励办公室批准后方可退出。经批准退出的，如推荐单位再次以相关项目推荐申报丰收奖，须暂停一届。

第七章 附 则

第四十三条 丰收奖的推荐、评审、授奖的经费管理，按照国家有关规定执行。

第四十四条 本细则自公布之日起施行。

《养殖水域滩涂规划》编制工作规范

农渔发〔2016〕39号

为贯彻落实《中共中央国务院关于加快推进生态文明建设的意见》(中发〔2015〕12号)、《国务院关于促进海洋渔业持续健康发展的若干意见》(国发〔2013〕11号)和《国务院关于印发水污染防治行动计划的通知》(国发〔2015〕17号)的有关要求,加快推进水产养殖业转方式调结构,进一步完善养殖水域滩涂规划(以下简称"规划")制度,科学划定禁止养殖区、限制养殖区和养殖区,制定本规范。

一、指导思想

全面贯彻落实党的十八大、十八届三中、四中、五中、六中全会精神和习近平总书记系列重要讲话精神,以"创新、协调、绿色、开放、共享"五大发展理念为引领,结合本地经济发展和生态保护需要,在科学评价水域滩涂资源禀赋和环境承载力的基础上,科学划定各类养殖功能区,合理布局水产养殖生产,稳定基本养殖水域,保障渔民合法权益,保护水域生态环境,确保有效供给安全、环境生态安全和产品质量安全,实现提质增效、减量增收、绿色发展、富裕渔民的发展总目标。

二、基本原则

规划编制工作遵循以下原则:

——坚持科学规划、因地制宜的原则。各地渔业行政主管部门应根据本地水域滩涂承载力评价结果和水产养殖产业发展需求，形成本区域养殖水域滩涂开发利用和保护的总体思路，根据规划编制工作规范和大纲的具体要求，合理布局水产养殖生产，制定本区域养殖水域滩涂使用管理的具体措施，科学编制规划。

——坚持生态优先、底线约束的原则。要坚持走生产发展、生活富裕、生态良好的文明发展道路，科学开展水域滩涂利用评价，保护水域滩涂生态环境，明确区域经济发展方向，合理安排产业发展空间。要将饮用水水源地、自然保护区等重要生态保护或公共安全"红线"和"黄线"区域作为禁止或限制养殖区，设定发展底线。

——坚持合理布局、转调结合的原则。要稳定海水池塘和工厂化养殖，调减过密近海网箱养殖，发展外海深水网箱养殖；稳定淡水池塘养殖，调减湖泊水库网箱围栏养殖，发展生态养殖，支持设施养殖向工厂化循环水方向发展，发展稻田综合种养和低洼盐碱地养殖，实现养殖水域滩涂的整体规划、合理储备、有序利用、协调发展。

——坚持总体协调、横向衔接的原则。要将规划放在区域整体空间布局的框架下考虑，规划编制要与本行政区域的《土地利用总体规划》和《海洋功能区划》相协调，同时注意与本地区城市、交通、港口、旅游、环保等其他相关专项规划相衔接，避免交叉和矛盾，促进区域经济协调发展。

三、编制要求

（一）规划范围

规划中的养殖水域滩涂是指中华人民共和国管辖水域滩涂内，已经进行水产养殖开发利用和目前尚未开发但适于水产养殖开发利用的所有（全民、集体）水域和滩涂。已经进行水产养殖开发的水域滩涂面积超过 1 万亩或养殖年产量超过 3000 吨的县（市、区），独立编制本行政区域规划，已经进行水产养殖开发的水域滩涂面积不足 1 万亩或养殖年产量低于 3000 吨的县（市、区），可独立编制规划或由上一级渔业行政主管部门牵头统一编制规划。

（二）规划依据

《渔业法》《环境保护法》《水污染防治法》《海洋环境保护法》等法律法规，《中共中央国务院关于加快推进生态文明建设的意见》（中发〔2015〕12 号）、《国务院关于促进海洋渔业持续健康发展的若干意见》（国发〔2013〕11 号）、《国务院关于印发水污染防治行动计划的通知》（国发〔2015〕17 号）、《农业部关于加快推进渔业转方式调结构的指导意见》（农渔发〔2016〕1 号）等文件。

（三）规划期限

规划期至 2030 年。（四）基本功能区划

养殖水域滩涂功能区分为禁止养殖区、限制养殖区和养殖区。

1. 禁止养殖区

（1）禁止在饮用水水源地一级保护区、自然保护区核心区和缓冲区、国家级水产种质资源保护区核心区和未批准利用的无居民海岛等重点生态功能区开展水产养殖。

（2）禁止在港口、航道、行洪区、河道堤防安全保护区等公共设施安全区域开展水产养殖。

（3）禁止在有毒有害物质超过规定标准的水体开展水产养殖。

(4) 法律法规规定的其他禁止从事水产养殖的区域。

2. 限制养殖区

(1) 限制在饮用水水源二级保护区、自然保护区实验区和外围保护地带、国家级水产种质资源保护区实验区、风景名胜区、依法确定为开展旅游活动的可利用无居民海岛及其周边海域等生态功能区开展水产养殖，在以上区域内进行水产养殖的应采取污染防治措施，污染物排放不得超过国家和地方规定的污染物排放标准。

(2) 限制在重点湖泊水库及近岸海域等公共自然水域开展网箱围栏养殖。重点湖泊水库饲养滤食性鱼类的网箱围栏总面积不超过水域面积的1%，饲养吃食性鱼类的网箱围栏总面积不超过水域面积的0.25%；重点近岸海域浮动式网箱面积不超过海区宜养面积10%。各地应根据养殖水域滩涂生态保护实际需要确定重点湖泊水库及近岸海域，确定不高于农业部标准的本地区可养比例。

(3) 法律法规规定的其他限制养殖区。

3. 养殖区

(1) 海水养殖区，包括海上养殖区、滩涂及陆地养殖区。海上养殖包括近岸网箱养殖、深水网箱养殖、吊笼（筏式）养殖和底播养殖等，滩涂及陆地养殖包括池塘养殖、工厂化等设施养殖和潮间带养殖等。

(2) 淡水养殖区，包括池塘养殖区、湖泊养殖区、水库养殖区和其他养殖区。池塘养殖包括普通池塘养殖和工厂化设施养殖等，湖泊水库养殖包括网箱养殖、围栏养殖和大水面生态养殖等，其他养殖包括稻田综合种养和低洼盐碱地养殖等。

（五）规划成果

规划的主要成果包括规划文本、图件和编制说明等，其中规划文本和图件为报批材料，编制说明为报批材料附件。规划文本应按照规划编制大纲的要求编写，规划图件包括养殖水域滩涂总体现状图、养殖功能区规划图等，图件应标明各水域滩涂的四至范围、区域功能等。图件比例尺和幅面：一般为1：50000，或根据行政辖区实际情况适当调整图件比例尺，幅面一般为A3，坐标系与投影等参照本辖区土地利用总体规划或海洋功能区划。

四、编制机关及批准机关

各级养殖水域滩涂规划由所在地的县级以上地方人民政府渔业行政主管部门负责编制，报本级人民政府批准后发布实施。省级渔业行政主管部门应加强对规划编制工作的指导和监督检查，制定本省规划编制工作办法或方案，并负责在县市规划的基础上编制本省养殖水域滩涂规划。国务院渔业行政主管部门定期对各地规划编制完成情况进行督导，并负责在各省规划的基础上完成全国养殖水域滩涂规划。

为避免毗邻行政区域间的养殖水域滩涂在进行规划时出现重叠现象和今后管理矛盾的发生，毗邻行政区域的同级渔业行政主管部门在规划上报本级人民政府批准前，应报上一级人民政府渔业行政主管部门审核。规划由本级人民政府批准后，报上一级人民政府渔业行政主管部门备案。

跨界和争议水域的规划，由毗邻县级以上地方人民政府渔业行政主管部门协商编制，分别报本级人民政府批准，并报上一级人民政府渔业行政主管部门备案。协商不成的，由上一级人民政府渔业行政主管部门协调处理。

五、编制程序

(一) 编制准备

组织成立各级规划编制工作领导小组、技术指导组和编制组。领导小组由本级渔业行政主管部门领导任组长,有关部门的领导参加,主要职责是统一部署编制工作,提出编制基本要求,审定工作方案;协调解决编制过程中的矛盾和问题,审定规划成果;协助上报本级人民政府批准。技术指导组由领导小组单位推荐的专家组成,主要职责是论证实施方案和技术规范,协助资料收集和分析工作,对编制工作中的矛盾和重大问题提出解决建议,评审专题研究成果和工作成果。编写组由渔业部门工作人员和有关方面的专家组成,具体承担规划编制任务。编写组拟定规划编写工作方案和实施方案,工作方案经领导小组审定,实施方案经技术指导组论证后,由编制组遵照执行。

(二) 编制起草

编写组收集分析有关资料,并开展必要的实地调研、勘查测量和专题研究。专题研究成果经技术指导组论证后,由编制组汇总完善,并按照编制大纲的内容和要求编制规划,形成规划征求意见稿。编制工作中的重大问题,由领导小组组织召开技术指导组会议论证,并由领导小组审定。

(三) 协调论证

规划征求意见稿在征求有关部门和当地人民政府意见后,由编制组继续修改完善,形成规划评审稿。成立由各有关部门和研究单位的专家组成的规划评审专家组,按照有关评审方法、程序进行评审,并提出评审意见。编制组根据评审意见修改完善并经领导小组审定后,形成规划送审稿。

(四)上报批准

规划送审稿由各级渔业行政主管部门上报本级人民政府批准,由本级人民政府颁布施行。经批准的规划应向社会公开,并报上一级渔业行政主管部门备案。

六、规划修订

规划批准后,未经规定程序任何单位和个人不得随意更改,本级渔业行政主管部门应定期对规划实施情况开展评估,因生态安全、经国务院批准的区域规划或产业规划确定的重大项目建设等原因,养殖水域滩涂环境发生重大改变确需修改的,由本级渔业行政主管部门提出修改建议。一般性修改是指在局部地区进行的不涉及一级养殖水域滩涂类型调整的,可由本级渔业行政主管部门提出修改方案,报同级人民政府批准后修改实施。重大修改是指涉及一级养殖水域滩涂类型调整的,应报上一级渔业行政主管部门审核同意,由本级渔业行政主管部门组织论证,报本级人民政府批准后修改实施。

七、规划实施管理

(一)使用用途管制

规划是养殖水域滩涂使用管理的基本依据,养殖水域滩涂使用管理要严格依据规划开展,严格限制擅自改变养殖水域滩涂使用用途的行为。在规划范围外,不得新建及改扩建养殖项目。其它生态保护或工程建设项目等占用规划内养殖水域滩涂的,必须征求渔业行政主管部门意见,按照有关要求对规划进行修订后实施,造成养殖生产者经济损失的应依法给予补偿。

(二) 禁止和限制养殖区管理

禁止养殖区内的水产养殖，由本级人民政府及相关部门负责限期搬迁或关停。限制养殖区内的水产养殖，污染物排放超过国家和地方规定的污染物排放标准的，限期整改，整改后仍不达标的，由本级人民政府及相关部门负责限期搬迁或关停。禁止和限制养殖区内重点生态功能区和公共设施安全区域划定前已有的水产养殖，搬迁或关停造成养殖生产者经济损失的应依法给予补偿，并妥善安置养殖渔民生产生活。

(三) 养殖区管理

养殖区内符合规划的养殖项目，应当科学确定养殖密度，合理投饵、使用药物，防止造成水域的环境污染，养殖生产应符合《水产养殖质量安全管理规定》的有关要求。完善全民所有养殖水域、滩涂使用审批，健全使用权的招、拍、挂等交易制度，推进集体所有养殖水域、滩涂承包经营权的确权工作，规范水域滩涂养殖发证登记工作。加强渔政执法，查处无证养殖，对非法侵占养殖水域滩涂行为进行处理，规范养殖水域滩涂开发利用秩序，强化社会监督。

水域滩涂养殖发证登记办法

中华人民共和国农业部令
2010年第9号

《水域滩涂养殖发证登记办法》已经2010年5月6日农业部第6次常务会议审议通过，现予发布，自2010年7月1日起施行。

农业部部长
二〇一〇年五月二十四日

第一章 总 则

第一条 为了保障养殖生产者合法权益，规范水域、滩涂养殖发证登记工作，根据《中华人民共和国物权法》、《中华人民共和国渔业法》、《中华人民共和国农村土地承包法》等法律法规，制定本办法。

第二条 本办法所称水域、滩涂，是指经县级以上地方人民政府依法规划或者以其他形式确定可以用于水产养殖业的水域、滩涂。

本办法所称水域滩涂养殖权，是指依法取得的使用水域、滩涂从事水产养殖的权利。

第三条 使用水域、滩涂从事养殖生产，由县级以上地方人民政府核发养殖证，确认水域滩涂养殖权。

县级以上地方人民政府渔业行政主管部门负责水域、滩涂养殖发证登记具体工作，并建立登记簿，记载养殖证载明的事项。

第四条 水域滩涂养殖权人可以凭养殖证享受国家水产养殖扶持政策。

第二章 国家所有水域滩涂的发证登记

第五条 使用国家所有的水域、滩涂从事养殖生产的，应当向县级以上地方人民政府渔业行政主管部门提出申请，并提交以下材料：

（一）养殖证申请表；

（二）公民个人身份证明、法人或其他组织资格证明、法定代表人或者主要负责人的身份证明；

（三）依法应当提交的其他证明材料。

第六条 县级以上地方人民政府渔业行政主管部门应当在受理后15个工作日内对申请材料进行书面审查和实地核查。符合规定的，应当将申请在水域、滩涂所在地进行公示，公示期为10日；不符合规定的，书面通知申请人。

第七条 公示期满后，符合下列条件的，县级以上地方人民政府渔业行政主管部门应当报请同级人民政府核发养殖证，并将养殖证载明事项载入登记簿：

（一）水域、滩涂依法可以用于养殖生产；

（二）证明材料合法有效；

（三）无权属争议。

登记簿应当准确记载养殖证载明的全部事项。

第八条 国家所有的水域、滩涂，应当优先用于下列当地渔业生产者从事养殖生产：

（一）以水域、滩涂养殖生产为主要生活来源的；

（二）因渔业产业结构调整，由捕捞业转产从事养殖业的；

（三）因养殖水域滩涂规划调整，需要另行安排养殖水域、滩涂从事养殖生产的。

第九条 依法转让国家所有水域、滩涂的养殖权的，应当持原养殖证，依照本章规定重新办理发证登记。

第三章 集体所有或者国家所有由集体使用水域滩涂的发证登记

第十条 农民集体所有或者国家所有依法由农民集体使用的水域、滩涂，以家庭承包方式用于养殖生产的，依照下列程序办理发证登记：

（一）水域、滩涂承包合同生效后，发包方应当在30个工作日内，将水域、滩涂承包方案、承包方及承包水域、滩涂的详细情况、水域、滩涂承包合同等材料报县级以上地方人民政府渔业行政主管部门；

（二）县级以上地方人民政府渔业行政主管部门对发包方报送的材料进行审核。符合规定的，报请同级人民政府核发养殖证，并将养殖证载明事项载入登记簿；不符合规定的，书面通知当事人。

第十一条 农民集体所有或者国家所有依法由农民集体使用的水域、滩涂，以招标、拍卖、公开协商等方式承包用于养殖生产，承包方申请取得养殖证的，依照下列程序办理发证登记：

（一）水域、滩涂承包合同生效后，承包方填写养殖证申请表，并将水域、滩涂承包合同等材料报县级以上地方人民政府渔业行政主管部门；

（二）县级以上地方人民政府渔业行政主管部门对承包方提交的材料进行审核。符合规定的，报请同级人民政府核发养殖证，并将养殖证载明事项载入登记簿；不符合规定的，书面通知申请人。

第十二条 县级以上地方人民政府渔业行政主管部门应当在登记簿上准确记载养殖证载明的全部事项。

第十三条 农民集体所有或者国家所有依法由农民集体使用的水域、滩涂，以家庭承包方式用于养殖生产，在承包期内采取转包、出租、入股方式流转水域滩涂养殖权的，不需要重新办理发证登记。

采取转让、互换方式流转水域滩涂养殖权的，当事人可以要求重新办理发证登记。申请重新办理发证登记的，应当提交原养殖证和水域滩涂养殖权流转合同等相关证明材料。

因转让、互换以外的其他方式导致水域滩涂养殖权分立、合并的，应当持原养殖证及相关证明材料，向原发证登记机关重新办理发证登记。

第四章 变更、收回、注销和延展

第十四条 水域滩涂养殖权人、利害关系人有权查阅、复制登记簿，县级以上地方人民政府渔业行政主管部门应当提供，不得限制和拒绝。

水域滩涂养殖权人、利害关系人认为登记簿记载的事项错误的,可以申请更正登记。登记簿记载的权利人书面同意更正或者有证据证明登记确有错误的,县级以上地方人民政府渔业行政主管部门应当予以更正。

第十五条 养殖权人姓名或名称、住所等事项发生变化的,当事人应当持原养殖证及相关证明材料,向原发证登记机关申请变更。

第十六条 因被依法收回、征收等原因造成水域滩涂养殖权灭失的,应当由发证机关依法收回、注销养殖证。

实行家庭承包的农民集体所有或者国家所有依法由农民集体使用的水域、滩涂,在承包期内出现下列情形之一,发包方依法收回承包的水域、滩涂的,应当由发证机关收回、注销养殖证:

(一)承包方全家迁入设区的市,转为非农业户口的;

(二)承包方提出书面申请,自愿放弃全部承包水域、滩涂的;

(三)其他依法应当收回养殖证的情形。

第十七条 符合本办法第十六条规定,水域滩涂养殖权人拒绝交回养殖证的,县级以上地方人民政府渔业行政主管部门调查核实后,报请发证机关依法注销养殖证,并予以公告。

第十八条 水域滩涂养殖权期限届满,水域滩涂养殖权人依法继续使用国家所有的水域、滩涂从事养殖生产的,应当在期限届满60日前,持养殖证向原发证登记机关办理延展手续,并按本办法第五条规定提交相关材料。

因养殖水域滩涂规划调整不得从事养殖的,期限届满后不再办理延展手续。

第五章 附 则

第十九条 养殖证由农业部监制，省级人民政府渔业行政主管部门印制。

第二十条 颁发养殖证，除依法收取工本费外，不得向水域、滩涂使用人收取任何费用。

第二十一条 本办法施行前养殖水域、滩涂已核发养殖证或者农村土地承包经营权证的，在有效期内继续有效。

第二十二条 本办法自2010年7月1日起施行。

水产品批发市场管理办法

(1996年11月27日农渔发〔1996〕13号发布;2007年11月8日农业部令第6号修订)

第一章 总 则

第一条 为了引导、规范水产品市场主体,加强水产品市场管理,维护市场秩序,促进渔业经济协调发展,制定本办法。

第二条 本办法适用于各类水产品批发市场。市场开办者和市场经营者必须遵守本办法的规定。

第三条 批发市场的交易必须体现"公开、公正、公平、安全"的原则。

第四条 渔业行政主管部门对水产品批发市场实施行业指导和管理,工商行政管理机关对水产品批发市场的交易行为实行监督管理。

第五条 工商行政管理机关和渔业行政主管部门对《水产品批发市场管理办法》的实施情况进行监督检查,被检查的单位和个人应当予以配合。

第六条 以水产品为主要经营对象的批发市场,必须统一使用"×××水产品批发市场"的名称。

第二章 批发市场的开办、变更和终止

第七条 市场开办依照国家工商行政管理局《商品交易市场登记管理办法》进行。

第八条 设立水产品批发市场必须具备以下条件:

(一) 具有批发市场的名称和章程,批发市场章程必须载明下列事项:

1. 市场名称及场址;
2. 经营范围及市场规划;
3. 资金来源及投资方式;
4. 法定代表人的产生程序和职责;
5. 组织机构及其职责;
6. 服务项目和收费标准;
7. 其他需要明确的事项。

(二) 符合地方的统一规划和布局。批发市场选点要符合水产品批发市场总体规划布局。批发市场在城市规划和渔港规划范围内的,各项建设必须符合城市规划和渔港规划的要求,服从规划管理。各项建设必须符合国家环境保护的法律、行政法规和标准。

(三) 具有与经营规模相适应的交易设施,如固定的场地、码头、冷藏、加工、运输、结算、信息传递等设施,以及管理机构和其他条件。

(四) 国家规定的其他条件。

第九条 国家重点水产品批发市场的设立,应当由市场所在地的人民政府批准,由市场开办者向批发市场所在地的工商行政管理机关申请登记注册。

第十条 地方水产品批发市场在登记注册后,其管理形式可以参照国家重点水产品批发市场的管理办法执行。

第十一条 市场分立、合并、停业、迁移或者其他重要事项的变更,必须经本办法第七条、第九条、第十一条规定的市场审批部门核准,权利、义务由变更后的法人享有和承担。

第十二条 市场因下列原因之一终止:

(一)批发市场提出申请,经原批准的政府同意后注销登记;

(二)依法被撤销;

(三)依法宣告破产;

(四)其他合法终止。

第十三条 批发市场终止后,应当依法成立资产清算组织,清算其资产及债权债务。

第三章 交易与管理

第十四条 进入水产品批发市场的货物,必须在政府批准该市场经办的批发业务范围之内。进入市场的货物必须符合卫生、渔政部门的规定;腐坏变质、有毒及其他有可能对人体健康有害的货物,违法捕获的水产品,不得进入市场。

第十五条 批发交易必须保证公正、合理、严禁垄断。

(一)批发交易一般应当以拍卖或者投标方式进行。但形不成拍卖或者投标条件的,也可以采取议价销售或者定价销售方式。登场货物较多,以拍卖或者投标方式批发后剩余的物品,也可以采取议价销售方式。

(二)市场开办者及其工作人员不得在批发市场内对其经营范围内的货物有买卖行为。

(三)批发交易开始前,应当公布上一日各主要货物成交的价格,并公布当日到货情况,包括各种货物的品名、数量及供货人。

第十六条 市场经营者应当按照国家规定交纳市场管理费,并依法纳税。

第十七条 批发市场应当组建相应的结算系统。货物成交后,由市场委派的专职人员开具销售货款票,其内容应当包括货物品名、数量、单价、货款总额、供货人、买货人等项,由买货人持票到市场财务结算处办理货款结算手续,并交纳费、税后,凭票取货。

第十八条 各批发市场应当制定本市场交易规则及市场工作人员职责,公布于众,并对本市场工作人员定期考核,征求买卖双方对改进市场服务管理工作及对工作人员的意见。

第四章 监督管理

第十九条 批发市场有下列行为之一的,由工商行政管理机关、渔业行政主管部门依据有关法律、法规、规章给予行政处罚:

(一)违反《商品交易市场登记管理办法》,未经审批、核准登记或者未按规定程序申请、审批、核准登记,擅自开办批发市场;

(二)登记时弄虚作假或者不按规定申请变更登记的;

(三)批发出售变质水产品或者以次充好,以少充多的;

(四)批发出售国家禁止上市的水产品和违反《中华人民共和国水生野生动物保护实施条例》的;

(五)其他违反工商行政管理法规的行为。

第二十条 批发市场管理人员违纪的,由主管部门根据情节予以从严处理。

第五章 附 则

第二十一条 省、自治区、直辖市、计划单列市人民政府，可以根据本办法，结合本地实际情况，制定实施细则。

第二十二条 本办法发布后，原有批发市场必须补办有关手续。

第二十三条 本办法所指的"国家重点水产品批发市场"，是指中央参与投资建设的水产品批发市场。

第二十四条 本办法所指的"地方水产品批发市场"，是指国家重点水产品批发市场以外的批发市场。

第二十五条 本办法由农业部和国家工商行政管理局负责解释。

第二十六条 本办法自公布之日起施行。

渤海生物资源养护规定

中华人民共和国农业部令

第 34 号

《渤海生物资源养护规定》已于 2004 年 1 月 15 日经农业部第 2 次常务会议审议通过，现予发布，自 2004 年 5 月 1 日起实施。

农业部部长
二〇〇四年二月十二日

第一章 总 则

第一条 为保护、增殖和合理利用渤海生物资源，保护渤海水域生态环境，保障渔业生产者合法权益，促进渤海渔业可持续发展，根据《中华人民共和国渔业法》和《中华人民共和国海洋环境保护法》等法律法规，制定本规定。

第二条 本规定所称渤海是指老铁山灯塔（北纬 38°43′41″、东经 121°07′43″）与蓬莱灯塔（北纬 37°49′54″、东经 120°44′13″）两点连线以西的海域。

第三条 在渤海从事养殖和捕捞水生动物、水生植物等渔业生产及其他相关活动的单位和个人，应当遵守本规定。从事涉及国家重点保护水生野生动物、野生植物相关活动的单位和个人，应当遵守《野生动物保护法》、《水生野生动物保护条例》、《野生植物保护条例》的有关规定。

第四条 农业部主管渤海生物资源养护工作。农业部黄渤海区渔政渔港监督管理局负责渤海生物资源养护的组织、协调和监督管理工作。渤海沿岸县级以上地方人民政府渔业行政主管部门负责本行政区域内生物资源养护工作。

第五条 渤海沿岸县级以上地方人民政府渔业行政主管部门应当根据国家水域利用规划和经批准的海洋功能区划、近岸海域环境功能区划，编制辖区渔业水域利用规划，经同级人民政府批准后组织实施。除渔港和渔业设施基地建设区外，渔业水域区分为养殖区、增殖区、捕捞区和重要渔业品种保护区。禁止将渤海生物资源的重要产卵场、索饵场、越冬场和洄游通道划为养殖区。不得在国家海上自然保护区、珍稀濒危海洋生物保护区等一类近岸海域环境功能区内划置养殖区。

第六条 沿岸县级以上地方人民政府渔业行政主管部门应当采取措施，改善和恢复渤海生态状况，控制捕捞强度，增殖和养护渤海生物资源，发展生态渔业，促进渤海渔业可持续发展。

第七条 沿岸县级以上地方人民政府渔业行政主管部门应当根据渤海生物资源状况，提出控制和压缩捕捞强度的措施，调整捕捞业生产结构，引导和扶持捕捞渔民转产转业。

第二章 养殖和捕捞

第八条 渤海沿岸县级以上地方人民政府渔业行政主管部门应当对养殖区统一规划，科学评估，确定养殖发展布局和养殖水域容量，发展和推广生态养殖。

第九条 在渤海使用全民所有的水域、滩涂从事养殖生产的，应当向沿岸县级以上地方人民政府渔业行政主管部门提出申请，由本级人民政府核发养殖证。因结构调整转产转业的当地渔民享有取得养殖证的优先权。

第十条　沿岸县级以上地方人民政府渔业行政主管部门受理养殖证申请时，应当根据养殖发展布局和养殖水域的容量，明确养殖证的水域滩涂范围、使用期限、用途等事项。新建、扩建和改建养殖场的，应当进行环境影响评价。

第十一条　取得养殖证的单位和个人应当按照养殖证确定的水域滩涂范围和规定的用途从事养殖生产，遵守有关养殖技术规范。养殖废水排放应符合国家有关排放标准，池塘清淤应进行合理处理，防止水域污染。

第十二条　禁止在渤海养殖未经全国水产原种和良种审定委员会审定、农业部批准推广的杂交种、转基因种和其他非渤海原有品种。养殖经全国水产原种和良种审定委员会审定、农业部批准推广的上述品种的，应当严格采取防逃等防护措施，防止其进入天然水域。

第十三条　在渤海从事捕捞活动，应当依法申领捕捞许可证，按照捕捞许可证确定的作业场所、时限、作业类型等内容开展捕捞活动，并遵守国家有关资源保护规定。

第十四条　沿岸县级以上地方人民政府渔业行政主管部门应当按照规定的权限和管辖范围发放捕捞许可证，不得超过上级下达的船网工具控制指标。禁止向非渔业生产者以及江河、湖泊、水库等内陆渔船发放渤海捕捞许可证。

第十五条　从事海上渔获物运销、冷藏加工、渔用物资和燃料补给等为渔业捕捞生产提供服务的渔业辅助船舶，必须依法领取捕捞辅助船许可证。禁止捕捞辅助船直接从事捕捞生产。

第十六条 国家鼓励发展休闲渔业。沿岸县级以上地方人民政府渔业行政主管部门应加强对休闲渔业活动的监督和管理。休闲渔业活动采捕天然渔业资源的，应领取专项（特许）捕捞许可证。具体管理办法由省、直辖市渔业行政主管部门规定。

第三章 生物资源增殖

第十七条 国家鼓励单位和个人投资，采取人工增殖放流、人工鱼礁建设等多种形式，增殖渤海生物资源。

第十八条 农业部黄渤海区渔政渔港监督管理局和沿岸省、直辖市人民政府渔业行政主管部门应当积极采取措施，统筹规划，制定本地区生物资源增殖计划，依法组织人工增殖放流、人工鱼礁建设。

第十九条 大范围洄游性品种的人工增殖放流，由农业部黄渤海区渔政渔港监督管理局统一规划，统一组织实施。区域性和定居性品种的人工增殖放流可以由沿岸县级以上地方人民政府渔业行政主管部门在辖区渔业水域的非养殖区组织实施。

第二十条 人工增殖放流的苗种应当由省级以上渔业行政主管部门指定的原良种场、增殖站和水生野生动物驯养繁殖基地提供。禁止在渤海放流杂交种、转基因种及其他非渤海原有品种。但放流经省级以上渔业行政主管部门组织生态安全评估合格、全国水产原种和良种审定委员会审定和农业部批准推广的上述品种的除外。

第二十一条 禁止在种质资源保护区，重要经济鱼、虾、蟹类的产卵场等敏感水域进行放流。

第二十二条 设置人工鱼礁，应当进行环境影响和增殖效果评估,并由农业部或沿岸省、直辖市人民政府渔业行政主管部门统一组织实施。在"机动渔船底拖网禁渔区线"外侧设置人工鱼礁的,应当依照《中华人民共和国渔业法实施细则》的规定,报请农业部批准;在"机动渔船底拖网禁渔区线"内侧设置人工鱼礁的,应当报请省、直辖市人民政府渔业行政主管部门或其授权单位批准。

第二十三条 设置人工鱼礁不得妨碍船舶航行,不得影响海底管道、缆线等设施,并应事先公告。

第四章　生物资源保护

第二十四条 实行渤海重点渔业资源保护制度。重点保护的渤海渔业资源品种及其可捕标准按照相关文件执行。文件中未定标准的重点保护品种的可捕标准和地方重点保护品种及其可捕标准,由沿岸各省、直辖市人民政府渔业行政主管部门规定,报农业部和农业部黄渤海区渔政渔港监督管理局备案。在网次或航次渔获量中,未达可捕标准的重点保护品种比重不得超过同品种渔获量的百分之二十五,但定置张网作业除外。

第二十五条 渤海秋汛对虾生产实行专项(特许)捕捞许可证制度。捕捞渤海秋汛对虾的,应当依法领取专项(特许)捕捞许可证,悬挂统一规定的标志,方可从事作业。

第二十六条 禁止捕捞对虾春季亲虾和重点保护品种的天然苗种。因特殊需要捕捞已定可捕标准的重点保护品种天然苗种的,由农业部黄渤海区渔政渔港监督管理局批准;捕捞未定可捕标准的或地方自定重点保护品种天然苗种的,由省、直辖市人民政府渔业行政主管部门批准。经批准后,发放专项(特

— 85 —

许）捕捞许可证。领取专项（特许）捕捞许可证后，应当按照指定的区域、时限和限额捕捞。

第二十七条 禁止在潮间带外侧水域采捕兰蛤。在潮间带和其向陆一侧采捕兰蛤、沙蚕、卤虫，应当报经省、直辖市渔业行政主管部门批准，发放专项（特许）捕捞许可证。取得专项（特许）捕捞许可证的，应当按照指定的区域、时限，凭证限量采捕。

第二十八条 禁止使用小于规定的最小网目尺寸的网具进行捕捞。渤海捕捞作业网具的最小网目尺寸按照有关规定执行。沿岸各省、直辖市人民政府渔业行政主管部门可以规定未列入有关规定的其他网具的最小网目尺寸，但应报农业部和农业部黄渤海区渔政渔港监督管理局备案。

第二十九条 禁止借改变渔具名称或以革新为名使用损害生物资源的渔具。

第三十条 禁止使用下列严重损害生物资源的渔具、渔法：（一）炸鱼、毒鱼和电力捕鱼；以渔船推进器、泵类采捕定居种生物资源；（二）三重流网、底拖网、浮拖网及变水层拖网作业，但网口网衣拉直周长小于30米的桁杆、框架型拖网类渔具除外；（三）规格不符合规定标准的网具；沿岸各省、直辖市人民政府渔业行政主管部门可以规定适用于本行政区域的其他禁止使用的渔具渔法，并报农业部和农业部黄渤海区渔政渔港监督管理局备案。

第三十一条 渤海实行伏季休渔等禁渔期制度，并应当执行规定。沿岸各省、直辖市人民政府渔业行政主管部门可以对毛虾和海蜇规定适用于本行政区域的禁渔期，并报农业部和农业部黄渤海区渔政渔港监督管理局备案。

第三十二条 禁止在禁渔区、禁渔期内收购、加工和销售非法捕捞的渔获物。在禁渔区或者禁渔期内收购、加工和销售非法捕捞的渔获物的,沿岸县级以上地方人民政府渔业行政主管部门及其所属的渔政渔港监督管理机构应当及时调查处理。

第三十三条 沿岸的盐场、电厂、养殖场和其他利用海水的单位或个人,在纳水时应当采取防护或有效规避措施,保护幼鱼、幼虾资源。在伏季休渔期间引水用水时应设置凸面向外且网目不超过7毫米的"V"型防护网。未采取防护措施,对天然生物资源造成损害的,沿岸县级以上地方人民政府渔业行政主管部门应当责令限期消除危害。

第三十四条 因科学研究特殊需要,在禁渔区、禁渔期捕捞或使用禁用的渔具、渔法,以及捕捞禁捕对象的,应当经农业部黄渤海区渔政渔港监督管理局审核后,报农业部批准。捕捞作业时应当悬挂统一规定的标志。

第五章 渔业水域环境保护

第三十五条 沿岸县级以上地方人民政府渔业行政主管部门应当依法参加海岸工程、海洋工程、倾废区、入海排污口等项目的环境影响评价等工作,研究对生物资源和渔业水域环境的影响,提出保护生物资源和渔业水域环境的具体要求和措施。

第三十六条 沿岸各级渔业生态环境监测机构应当依法加强对渔业水域的监测,及时向同级渔业行政主管部门和上一级监测机构报告监测情况。

第三十七条 沿岸各级渔业生态环境监测机构应当建立健全机制,加强赤潮监测与预警工作,并及时向同级渔业行政主管部门和上一级监测机构报告监测情况。沿岸县级以上地方人民政府渔业行政主管部门应当积极会同或配合有关部门,加强赤潮防范,组织生产者防灾减灾,减少生产损失。

第三十八条 进行水下爆破、勘探、施工作业,对生物资源有严重影响的,位于"机动渔船底拖网禁渔区线"内的,作业单位应当事先同沿岸省、直辖市人民政府渔业行政主管部门协商;位于"机动渔船底拖网禁渔区线"外的,作业单位应当事先同农业部黄渤海区渔政渔港监督管理局协商,并采取有关防护措施后,方能作业。因作业造成生物资源破坏或损失的,根据管辖范围,农业部黄渤海区渔政渔港监督管理局和沿岸省、直辖市人民政府渔业行政主管部门应当责令作业单位限期消除危害,并向有关人民政府提出责令作业单位赔偿的建议。

第三十九条 因溢油、排污及倾倒废弃物等污染,造成渔业污染事故的,由沿岸县级以上地方人民政府渔业行政主管部门或其所属的渔政监督管理机构组织调查、评估,并依照《中华人民共和国海洋环境保护法》的有关规定处理。污染事故损害渤海天然生物资源的,沿岸县级以上地方人民政府渔业行政主管部门依法处理,并可以代表国家对责任者提出损害赔偿要求。

第六章 附 则

第四十条 违反本规定的,由县级以上人民政府渔业行政主管部门或其所属的渔政监督管理机构依法处理,法律、法规另有规定的,从其规定。

第四十一条 本规定由农业部负责解释。

第四十二条 本规定自2004年5月1日起施行。农业部1991年4月13日发布的《渤海区渔业资源繁殖保护规定》同时废止。

关于调整国内渔业捕捞和养殖业油价补贴政策促进渔业持续健康发展的通知

财建〔2015〕499号

各省、自治区、直辖市、计划单列市财政厅（局）、渔业主管厅（局），新疆生产建设兵团财务局、渔业主管局：

作为成品油价格形成机制改革的重要配套政策和保障措施，国内渔业捕捞和养殖业油价补贴政策对促进渔业发展、增加渔民收入、维护渔区稳定发挥了重要作用，但也存在一些矛盾和问题。为促进渔业持续健康发展，经国务院同意，从2015年起，对国内渔业捕捞和养殖业油价补贴政策作出调整。现将有关事项通知如下：

一、补贴政策调整的必要性

（一）调整国内渔业捕捞和养殖业油价补贴政策是发挥价格机制作用，促进渔业资源环境保护的需要。2006年以来的渔业油价补贴政策覆盖面广、补贴规模大、持续时间长，扭曲了价格信号，与渔民减船转产政策发生"顶托"。为促进渔业资源环境保护，有必要及时调整渔业油价补贴政策，有关支出不再与用油量挂钩，渔业用油成本由水产品价格"随行就市"进行传导，在相关政策引导下，主要通过价格机制调节渔船数量和作业方式，切实降低渔业捕捞强度。

（二）调整国内渔业捕捞和养殖业油价补贴政策是促进渔业产业结构调整，发展现代渔业的需要。2006年以来，渔业油价补贴资金刚性增长,既造成了渔业对油价补贴的严重依赖,又加重了财政负担。为激发渔业健康发展的内生动力,需要在保持现有支持力度的基础上,盘活资金存量,优化支持结构,将主要用于弥补渔业生产成本、针对渔民个人的补贴资金统筹使用,既着力保障广大渔民基本利益,又大力推进解决减船转产、渔业生态环境修复、渔船标准化建设等长期制约渔业发展的重点难点问题,促进产业结构调整,加快现代渔业建设。

(三)调整国内渔业捕捞和养殖业油价补贴政策是扩大政府投资,稳定经济增长的需要。我国渔船装备落后,安全性较差,能耗和污染较重,资源破坏性较大;渔港、航标等公共基础设施薄弱,防灾减灾功能不足;水产养殖基础设施条件落后,对环境和生态影响较大;渔业渔政管理基础薄弱,信息化手段落后。加大标准化渔船和深水网箱等现代渔业装备建设,既有利于保障渔民作业安全,提高节能环保性能;又有利于加快渔业生态环境修复,提高渔业可持续发展能力。同时,有利于扩大政府投资,拉动相关产业发展,促进经济稳定增长。

(四)调整国内渔业捕捞和养殖业油价补贴政策是改进财政支持方式,提高财政资金使用效益的需要。渔业情况复杂,渔船等补贴对象作业量、用油量信息采集较难,监管手段滞后,导致补贴政策在执行中走样变形。为此,有必要改进财政支持方式,将大部分渔业油价补贴资金转作一般性转移支付,由地方政府统筹使用。同时发挥地方政府信息对称、就地就近监管的有利优势,改进监管,提高补贴效率。

当前,国际国内成品油价格连续走低,为补贴政策调整提供了有利的"窗口"期。

二、补贴政策调整的指导思想和目标任务

（一）指导思想。按照党的十八大和十八届三中全会的要求，以《国务院关于促进海洋渔业持续健康发展的若干意见》（国发〔2013〕11号）为指导，以调整资金使用方式为手段，以保民生、保生态、保稳定为目标，健全支撑保障和激励约束机制，使国内渔业捕捞和养殖业油价补贴政策与渔业资源保护和产业结构调整等产业政策相协调，促进渔业可持续发展。

（二）原则。

一是综合设计，发挥合力。统筹考虑渔业发展、渔民生产生活等实际情况，着眼渔业长远可持续发展，综合运用财政政策、产业政策及行业管理等措施和手段，强化目标考核，改进管理，形成合力，推动减船转产、降低捕捞强度等目标顺利实现。

二是盘活存量，健全机制。以2014年国内渔业捕捞和养殖业油价补贴清算数为基数，在中央财政补贴规模不变的前提下，盘活存量，调整方式，逐步减少国内捕捞业油价补贴，健全渔业油价补贴与用油量及油价脱钩，与渔民保障、渔业发展、渔区稳定相协调的新机制。

三是明确责任，平稳推进。落实油价补贴政策调整的主体责任，继续实行"省长负责制"，强化省级统筹，由地方通盘解决渔业稳定发展等重点问题，确保国内渔业捕捞和养殖业油价补贴政策调整平稳推进。

（三）目标任务。通过调整优化补贴方式，中央财政补贴资金与用油量彻底脱钩，并健全渔业支撑保障体系，力争到2019年，用5年左右时间，将国内捕捞业油价补贴降至2014年补贴水平的40%,使国内捕捞渔船数和功率数进一步减少,捕捞作业结构进一步优化,捕捞强度得到有效控制,渔业现代化迈出新步伐。

三、补贴政策调整的主要内容

立足国内渔业捕捞和养殖业油价补贴作为国家成品油价格形成机制改革后对渔民生产成本补贴的政策属性,按照总量不减、存量调整、保障重点、统筹兼顾的思路,将补贴政策调整为专项转移支付和一般性转移支付相结合的综合性支持政策。以2014年清算数为基数,将补贴资金的20%部分以专项转移支付形式统筹用于渔民减船转产和渔船更新改造等重点工作;80%通过一般性转移支付下达,由地方政府统筹专项用于渔业生产成本补贴、转产转业等方面。

(一)坚持保障重点,强化对现代渔业建设的支撑,以专项转移支付形式支持渔民减船转产和生态环境修复,以及渔船更新改造等渔业装备建设。

1. 支持渔民减船转产和人工鱼礁建设。按照海洋捕捞强度与资源再生能力平衡协调发展的要求,将现有减船补助标准从2500元/千瓦提高到5000元/千瓦,并对渔船拆解等给予一定补助,推动捕捞渔民减船转产。同时,支持开展人工鱼礁建设,促进渔业生态环境修复。

2. 支持渔船更新改造等现代渔业装备建设。适应渔业发展现代化、专业化的新形势,在严控海洋捕捞渔船数和功率数"双控"指标、不增加捕捞强度的前提下,逐步淘汰双船底拖网、帆张网、三角虎网等对海洋资源破坏性大的作业类型,对纳入管理的老、旧、木质渔船进行更新改造,有计划升级改造选择性好、高效节能、安全环保的标准化捕捞渔船，以船舶所有人为对象，设定标准，分类支持，先减后建，减补挂钩，中央财政对完成减船任务的各省份按一定标准给予渔船更新改造补助。同时，支持深水网箱推广、渔港航标等公共基础设施和全国渔船动态管理系统建设，切实改善渔业发展基础条件。

（二）坚持有保有压，优化补贴结构，以一般性转移支付方式，由地方政府统筹用于解决渔民生产成本和转产转业等方面。一是稳定养殖业油价补贴政策，调整相关核算标准和方式。二是国内捕捞业按渔船作业类型和大小分档定额测算（海洋大中型渔船补贴实行上限控制，并按照船位监测逐步实行按天核算），综合考虑资源养护、船龄等因素，逐步压减国内捕捞业特别是大中型商业性渔船补贴规模，对小型生计性渔船予以适当照顾。上述两类补贴标准和上限由农业部制订发布。除用于上述两类补贴外，一般性转移支付资金由地方政府根据渔业发展实际情况和轻重缓急，实行统筹兼顾，可在中央财政减船转产补助标准基础上加大补助力度，对减船上岸渔民给予就业扶持、培训教育，对渔业资源养护、休禁渔补贴、渔业渔政信息化建设、渔港航标建设、池塘标准化和工厂化循环用水改造等水产养殖基础设施建设给予一定支持。

四、补贴政策调整的保障措施

国内渔业捕捞和养殖业油价补贴政策调整牵涉面广，复杂程度高，政策性强，社会影响大。各地区和相关部门要切实增强大局观念和责任意识，加强组织领导，加强统筹协调，加强监督检查，加强宣传引导，确保政策调整工作顺利推进。

（一）实行省长负责制，健全工作机制。各省份要提高对补贴政策调整的认识，加强组织领导，落实主体责任，继续实行渔业油价补贴政策落实工作"省长负责制"，进一步强化省级统筹，明确地方政府保障渔业发展和社会稳定的"兜底"责任。建立健全党委政府统一领导，相关部门各司其职、协同配合的工作机制，明确职责分工，细化实施方案，做好衔接配套。农业部制发包括补贴标准上限、渔船更新改造及拆船补助标准和减船转产等内容在内的具体实施方案；财政部制发相关资金管理办法；财政部、农业部共同做好指导、监督与考核工作。

（二）制定实施方案，完善配套措施。各省级人民政府要根据本通知精神，结合具体实际，抓紧制定2015—2019年国内渔业捕捞和养殖业油价补贴政策调整实施方案，具体内容包括：补贴政策调整的基本思路和总体考虑；海洋捕捞渔船及功率指标总体压减10%左右的分年度实施计划；渔船更新改造的目标和分年度计划；一般性转移支付资金的使用重点和具体安排；转产转业、渔业资源养护、休禁渔补贴、渔业渔政信息化建设、渔港航标建设、水产养殖基础设施建设等方面资金安排及预期效果等，作为监督检查和绩效考核的重要依据。同时，抓紧完善相关制度办法和配套措施，加大打击涉渔"三无"船舶和各类非法作业的力度，整治船证不符、违法违规使用渔具和渔业水域污染等行为，确保政策调整顺利推进。各省份补贴政策调整实施方案于2015年9月底前报财政部、农业部备案。

（三）加强监督检查，强化目标考核。国务院有关部门、地方各级政府和有关部门要加强对油价补贴政策调整工作的分类指导和监督检查，及时发现问题，完善政策。农业部对相关省份海洋捕捞渔船及功率压减指标进行确认落实，每年对各省份减船任务完成情况和渔船"双控"制度实施情况进行督促检查和绩效考核。

（四）加强宣传引导，营造良好环境。各地要有针对性地开展宣传引导工作，突出政策导向，赢得渔民群众和社会的理解支持，营造良好的舆论环境。采取公示、发放宣传册等方式，扩大政策宣传面。

财政部　农业部
2015年6月25日

福建省标准化水产养殖池塘建设项目专项资金管理办法

闽财农〔2012〕44号

第一章 总 则

第一条 为进一步加强和规范福建省标准化水产养殖池塘建设项目专项资金(以下简称"专项资金")的管理,提高资金使用效益,根据福建省财政专项资金管理的有关规定,制定本办法。

第二条 本办法所称"标准化水产养殖池塘"是指以生态、健康为原则,按集中连片、布局合理、适度规模标准建设的水产养殖基地。

第三条 各级财政、海洋与渔业行政主管部门共同组织标准化水产养殖池塘建设项目实施。海洋与渔业行政主管部门负责项目建设的方案编制、任务落实和项目建设的监督管理;财政部门负责项目补助资金的分配、监督和管理。

第二章 项目申报与审批

第四条 省财政厅、省海洋与渔业厅根据全省标准化水产养殖池塘建设规划和年度专项资金预算,制定《年度项目申报指南》,明确年度目标任务、工作重点、建设标准和申报要求等。

第五条 项目单位申报建设的养殖池塘要集中连片,形成规模，连片池塘规模要求淡水的不小于30亩、海水的不小于300亩，鳗鱼精养池不小于10亩。

第六条 申请专项资金的单位必须按《项目申报指南》的要求编制项目申请材料，向县级财政部门、海洋与渔业行政主管部门提出申请。

第七条 县级财政部门和海洋与渔业行政主管部门对专项资金申请材料审核后，上报至设区市海洋与渔业行政主管部门、财政部门。设区市海洋与渔业行政主管部门、财政部门复核后，汇总联合行文上报省海洋与渔业厅、省财政厅。

第八条 省财政厅、省海洋与渔业厅根据各地专项资金申报情况和历年执行情况，择优确定并批复专项资金项目建设计划。项目单位根据项目计划批复，按照标准先行建设池塘，项目建设完成并通过县、设区市两级验收后，由设区市海洋与渔业行政主管部门、财政部门提出专项资金补助方案上报省海洋与渔业厅、省财政厅，省海洋与渔业厅、省财政厅将抽查部分项目的建设情况，并审定下达专项资金。

第三章 资金的用途与管理

第九条 专项资金补助标准为每亩不超过1600元。主要用于：池塘清淤、挖深、塘形改造、固基、护坡以及道路、电力、进排水设施、投饵设施、增氧设施、循环水等基础设施改造建设项目支出。水产养殖池塘建设标准按照年度项目申报指南要求执行。

第十条 省级财政按下达各项目县（市、区）专项资金规模的3%以内安排项目管理费。项目管理费主要用于项目县

(市、区)及设区市开展组织规划编制、项目评估论证、专项业务技术培训、检查验收、绩效考评、资料信息等相关管理性支出。

项目管理费由各市、县(区)海洋与渔业行政主管部门填写申请审批表并出具报账有效凭证(行政事业性收费收据)后,经市、县(区)财政局审核后将项目管理费拨付给海洋与渔业行政主管部门。

第十一条 专项资金的使用管理要公开透明、专款专用,实行县级报账制。县级财政、海洋与渔业行政主管部门要采取适当的形式,将项目建设及项目资金补助情况进行公示,接受监督。

第四章 项目实施与监督

第十二条 项目单位要严格按照标准化水产养殖池塘建设项目的年度任务组织实施,建立项目档案,不得擅自变更项目建设地点、规模、标准和建设内容,确需变更或调整的,须逐级报送省海洋与渔业厅、省财政厅审批。

第十三条 县(市、区)海洋与渔业行政主管部门、财政部门负责项目的日常管理,及时组织竣工项目的初步验收,并向设区市海洋与渔业行政管理部门、财政部门提出项目竣工验收申请。设区市海洋与渔业行政主管部门、财政部门要加强项目的督查、指导,及时组织项目竣工验收,验收情况汇总报省海洋与渔业厅、省财政厅备案。

第十四条 省海洋与渔业厅、省财政厅对专项资金扶持的项目实行动态管理,建立常态化督查机制,对项目进行不定期督查。

第十五条 项目县或项目实施单位弄虚作假、虚报项目骗取专项资金的,除取消该项目、追回专项资金并上缴省财政外,将暂停安排该项目县(市、区)标准化水产养殖池塘建设项目两年;对改变专项资金用途、挤占挪用专项资金用于行政经费支出的,除责令纠正、作账务调整外,依照《财政违法行为处罚处分条例》(国务院令第 427 号)的有关条款予以处罚。

第五章 附 则

第十六条 纳入中央财政现代农业生产发展资金扶持的标准化水产养殖池塘建设项目按现代农业生产发展资金有关规定执行。

第十七条 项目市、县(区)可根据本办法,结合本地实际制定实施细则,并报省财政厅、省海洋与渔业厅备案。

第十八条 本办法由省财政厅、省海洋与渔业厅负责解释。

第十九条 本办法自发布之日起施行。《福建省标准化水产养殖池塘建设改造项目专项资金管理暂行办法》(闽财农〔2010〕81 号)同时废止。

厦门市海域水产养殖退出补偿实施办法

厦府〔2009〕63号

第一章 总 则

第一条 为规范海域水产养殖退出补偿行为，维护海域使用权人的合法权益，根据《中华人民共和国物权法》、《中华人民共和国海域使用管理法》、《福建省海域使用管理条例》、《厦门市海域使用管理规定》、《福建省实施〈中华人民共和国渔业法〉办法》等有关规定以及《福建省海域使用补偿办法》的总体原则和福建省人民政府有关批复精神，结合本市实际，制定本办法。

第二条 在本市海域的滩涂养殖、浅海养殖和网箱养殖等水产养殖退出的补偿工作适用本办法。

第三条 在市政府历次水产养殖退出范围以外，且1997年4月1日《厦门市海域使用管理规定》实施前至今仍在使用海域从事水产养殖，以及实施后至今仍在使用海域从事水产养殖并按有关规定办理登记的，依本办法给予水产养殖退出补偿。

市政府历次水产养殖退出范围以内的，按原通告的有关规定执行，不适用本办法。

第四条 区人民政府负责组织本辖区海域水产养殖退出和补偿工作。

镇（街）人民政府协助做好本辖区海域水产养殖退出和补偿的具体工作。

市、区海洋与渔业、财政、劳动和社会保障、民政、农业、建设、国土房产、规划等部门按照各自职责配合做好海域水产养殖退出和补偿工作。

第五条 海域水产养殖退出补偿遵循公开、公平、公正和协商的原则。

第六条 海域水产养殖退出补偿包括直接补偿和综合补偿。

直接补偿和综合补偿资金由重新获得海域使用权的用海单位承担。

第二章 直接补偿内容和标准

第七条 直接补偿是指给养殖者以货币形式支付海域附着物补偿费等费用。

第八条 直接补偿标准，由市人民政府根据水产养殖的类型和设施状况确定。直接补偿标准按物价变化情况适时调整。

本办法未涉及到的水产养殖类型的直接补偿标准，由市海洋与渔业局会同区人民政府予以评估确定。

第九条 海域水产养殖退出，应给予养殖者合理的期限自行处理苗种和在养未成品。

第十条 对提前退出的养殖者，给予适当奖励；对提前退出并自行拆除养殖设施的养殖者，给予拆除补贴。

第三章 综合补偿内容和标准

第十一条 综合补偿是指为维护退养村（社区）和受影响人员生计和未来发展的需要而采取的各种扶持补助措施。

第十二条 综合补偿资金主要用于以下方面：

（一）补助退养村（社区）和受影响人员落实人均 15 平方米集体发展项目（含"金包银"项目）；

（二）补助退养村（社区）农村农业基础设施建设；

（三）补助退养村（社区）受影响人员参加基本养老保险、基本医疗保险和最低生活保障等社会保障；

（四）其他惠及退养村（社区）和受影响人员利益及转产转业等项目支出。

第十三条 综合补偿标准由市人民政府根据水产养殖类型、海域使用状况等因素确定。

第十四条 综合补偿资金由区人民政府统筹安排，专款专用。市有关部门对综合补偿资金的使用实行专门监督。

第十五条 除上述补偿外，市、区财政各按每个退养村（社区）100万元以上额度安排专项资金，由区人民政府用于惠及退养村（社区）和受影响人员的民生工程、新农村建设和增加收入的发展项目。同时，鼓励市区财政加大扶持投入。

第四章 水产养殖退出与补偿程序

第十六条 水产养殖退出应当按照下列程序办理：

（一）发布水产养殖退出公告；

（二）办理水产养殖退出补偿登记；

（三）签订水产养殖退出补偿协议；

（四）清理和退出水产养殖海域；

（五）支付水产养殖退出补偿的相关费用。

第十七条 对拟退出水产养殖的，区人民政府应当在该海域毗邻的镇（街）、村（社区）公告。公告内容包括：

（一）拟退出水产养殖海域的方位、界址；

（二）拟退出水产养殖海域的用途；

（三）办理补偿登记手续的地点；

（四）水产养殖退出的期限；

（五）禁止事项及其他需要公告的事项。

公告发布之日起，任何单位和个人不得在公告的海域内抢种种苗或者抢建海域附着物。

第十八条 养殖者应当在水产养殖退出公告规定的期限内持养殖权属证明或者其他相关证明材料到区人民政府指定地点办理水产养殖退出补偿登记手续；逾期未办理登记的，以区人民政府渔业行政主管部门的调查核实情况为准。

区人民政府应当在公告之日起成立专门机构，接受养殖者的登记申请，及时确定水产养殖补偿的对象及其养殖海域情况，并在该海域毗邻的镇（街）、村（社区）公示，公示期为5日。

第十九条 区人民政府应当与养殖者签订水产养殖退出补偿协议。

水产养殖退出补偿协议应当载明下列主要内容：

（一）海域使用的方位、界址、面积；

（二）补偿方式、项目；

（三）双方的权利和义务；

（四）违约责任和解决争议的方法。

以货币方式补偿的，应当载明补偿费给付的期限、地点和方式，以及养殖者清退海域的期限。

第五章 附 则

第二十条 非水产养殖用海退出的补偿，按《福建省海域使用补偿办法》执行。

第二十一条 本办法自公布之日起施行。

上海市水产养殖保护规定

（1985年12月27日上海市第八届人民代表大会常务委员会第十九次会议批准 根据1988年11月10日上海市第九届人民代表大会常务委员会第四次会议通过和1989年1月28日上海市第九届人民代表大会常务委员会第六次会议修正的《关于修改〈上海市水产养殖保护规定〉的决定》第一次修正 根据1997年7月10日上海市第十届人民代表大会常务委员会第三十七次会议《关于修改〈上海市水产养殖保护规定〉的决定》第二次修正 根据1997年10月21日上海市第十届人民代表大会常务委员会第三十九次会议《关于修改〈上海市水产养殖保护规定〉的决定》第三次修正）

第一章 总 则

第一条 为了保护水产养殖，保障水产养殖者的合法权益，发展水产事业，满足人民需要，根据宪法和有关法律，结合本市的具体情况，制定本规定。

第二条 本规定适用于本市管辖范围内的渔业水域。

本规定所称的渔业水域是指鱼类、虾蟹类、贝类的产卵场、索饵场、越冬场、洄游通道和养殖或增殖鱼类、虾蟹类、贝类、藻类以及其它水生植物的水域。

渔业水域内有经济价值的水生动物和植物及其亲体、幼体、卵子、孢子、种子等，均按本规定加以保护。

第三条 本市渔业行政主管部门,负责组织各级水产、渔政监督管理机构实施本规定。

本市公安、工商行政管理、环境保护、农业、水利、港航监督等部门,应协同实施本规定。

第二章 渔业水域的利用和管理

第四条 本市管辖的渔业水域,各级人民政府应统筹兼顾,合理安排,综合利用,加强管理。

第五条 凡已由单位或个人经营的渔业水域和划给渔业专业队作为生产、生活基地的渔业水域,确认其使用权。

第六条 凡尚未利用的渔业水域,由市、县(区)人民政府按照职权,根据地理条件、面积大小和历史状况,因地制宜,划分使用范围。

第七条 渔业水域实行分级经营:

(一)跨省、市的渔业水域,与有关省商定经营办法;

(二)跨县(区)的渔业水域,由有关县(区)协商经营;

(三)跨乡的渔业水域,可由县(区)经营,或由有关乡联合经营;

(四)乡范围内通外河(湖)的渔业水域,由乡组织水产专业队经营,也可组织专业户经营;

(五)园沟宅河、池塘等小型渔业水域,可组织农民联户承包或由个人承包。

第八条 市、县(区)人民政府应根据本规定第四条、第五条、第六条的规定,核发养殖使用证,确认使用权。

跨县(区)的渔业水域,由有关县(区)商定后核发养殖使用证。

小型渔业水域，由乡人民政府核发养殖使用证。

第九条 依法划定的渔业水域的使用权受法律保护，任何单位和个人不得侵犯。

禁止任何人在划定的渔业水域偷、抢水产品。

第十条 凡领取养殖使用证的，应按市渔业行政主管部门规定，适时放养水产苗种，不得闲置。

第十一条 凡在允许捕捞的渔业水域从事捕捞作业的，应向渔政监督管理机构申请领取捕捞许可证。领取捕捞许可证的，应按规定缴纳水产资源增殖保护费。

无捕捞许可证的，一律不得从事捕捞作业。

第十二条 在渔业水域内设置渔箔、渔簖等生产设施，不得影响引水、排水和航道畅通。

第十三条 填没属市管商品鱼生产基地的精养鱼塘，须经市渔业行政主管部门批准；填没其他精养鱼塘等渔业水域，须经县（区）人民政府批准，按规定支付有关费用后，方得进行。

征用属市管商品鱼生产基地的精养鱼塘，须经市渔业行政主管部门同意；征用其他精养鱼塘等渔业水域，须经县（区）人民政府同意。

第三章 水产资源的繁殖保护

第十四条 市、县（区）人民政府应鼓励、支持单位和个人对水产资源的繁殖保护。

禁止捕杀鱼类、虾蟹类、贝类等的苗种、幼体和繁殖期的亲体。

第十五条 因养殖和其他特殊需要,必须捕捞沿江、沿海的蟹苗、鳗苗等资源的,须经市渔业行政主管部门批准,由所在县(区)人民政府统一组织捕捞,合理利用;未经批准的,一律不得捕捞。

本市鳗苗、蟹苗的收购、运输实行许可证制度。禁止无证收购、运输鳗苗、蟹苗。

第十六条 水闸应根据需要建造过鱼设施,或适时开闸纳苗,以利鱼、蟹洄游。

第十七条 捕捞作业不得破坏水产资源。取缔鱼鹰,禁止使用破坏水产资源的捕捞工具和捕捞方法。

电捕鱼船只准在自己养殖的水域内使用。

第十八条 任何单位和个人不得污染渔业水域,破坏水产资源。

因防疫或防治病虫害须在渔业水域内投注药物的,应事先与渔政监督管理机构协商,兼顾水产资源的繁殖保护,采取措施,防止损害水产资源。

第四章 渔政监督管理机构

第十九条 市、县应设立渔政监督管理机构。区、乡根据需要设立渔政监督管理机构。

渔政监督管理机构的职权是:维护国家和水产经营者的合法权益;监督检查渔业法律、法规的贯彻执行;负责对水产资源的保护和管理;核发和注销捕捞许可证;维护渔业生产秩序;处理渔业生产纠纷等。

第二十条 各级渔政监督管理机构的渔政检查员,由市渔政监督管理机构统一考核，发给渔政检查员证。

渔政检查员在执行任务时，必须统一标志，出示渔政检查员证件，秉公执法。被检查的单位和个人应服从检查。

第五章 奖励与处罚

第二十一条 对保护水产资源有显著成绩的单位和个人，以及检举、制止破坏水产资源行为的有功人员，县（区）人民政府或市渔业行政主管部门应给予表彰、奖励。

第二十二条 凡违反本规定有关条款的，由渔政监督管理机构按下列规定处理：

（一）违反本规定第九条第一款的，应即纠正；造成损失的，应予赔偿；

（二）违反本规定第九条第二款的，应赔偿损失，并处罚款；

（三）违反本规定第十条，领取养殖使用证后无正当理由不适时放养水产苗种或者不按市渔业行政主管部门规定的数量放养水产苗种的，注销其养殖使用证；

（四）违反本规定第十二条的，责令撤除其设施；拒不撤除的，予以没收；

（五）违反本规定第十三条的，应责令其恢复原状，赔偿损失；

（六）违反本规定第十四条第二款的，应赔偿损失，没收其渔获物及捕捞工具，已出售的，追缴非法所得，并处罚款；

（七）违反本规定第十一条、第十五条、第十七条第一款的，应赔偿损失，没收其渔获物及捕捞工具，并处罚款；

（八）违反本规定第十八条造成水产资源损失的，应予赔偿，并责令其限期治理，处以罚款；

（九）违反本规定第十五条第二款规定的，没收其无证收购、运输的鳗苗、蟹苗，并处以一千元至三万元的罚款。

第二十三条　凡未经许可，进入养殖经营者的水域垂钓的，应赔偿损失，由渔政监督管理机构追回渔获物；不听劝阻的，处以罚款。

第二十四条　渔政监督管理机构对正在进行的违反渔业法规的行为，应立即予以制止，并可采取必要的措施。

渔政监督管理机构对违法行为进行处罚时，应将处罚决定书送达当事人执行。

第二十五条　渔政监督管理人员玩忽职守、徇私舞弊的，应由渔政监督管理机构给予行政处分。

第二十六条　凡违反本规定应按《中华人民共和国治安管理处罚条例》处罚的，由公安机关依法处理。

违反本规定情节严重构成犯罪的，由司法机关依法追究刑事责任。

第二十七条　当事人对渔业行政主管部门或者其所属的渔政监督管理机构作出的行政处罚决定不服的，可以在接到处罚决定书之日起三十天内，向人民法院起诉；期满不起诉又不履行的，由作出处罚决定的机关申请人民法院强制执行。

第六章　附　则

第二十八条　本规定经上海市人民代表大会常务委员会修订，自1989年3月1日起施行。

上海市水产养殖保护规定实施细则

（1993年9月14日上海市人民政府令第45号发布；根据1997年12月19日上海市人民政府令第54号修正；根据2007年11月30日上海市人民政府令第77号修正；根据2010年12月20日上海市人民政府令第52号公布的《上海市人民政府关于修改〈上海市农机事故处理暂行规定〉等148件市政府规章的决定》修正；根据2012年2月7日上海市人民政府令第81号公布的《上海市人民政府关于修改〈上海市内河港口管理办法〉等15件市政府规章的决定》修正并重新发布）

第一章 总 则

第一条 为了切实执行《中华人民共和国渔业法》及其实施细则和《上海市水产养殖保护规定》（以下简称《规定》），制定本细则。

第二条 本市各级人民政府对水域应当统一规划，合理开发利用，鼓励全民、集体单位和个人发展水产养殖业。

第三条 本市各级渔业行政主管部门和渔政监督管理机构应当根据《规定》和本细则，遵循以养殖为主，养殖、捕捞、加工并举，因地制宜，各有侧重的方针，加强监督管理，保护和促进本市渔业生产的发展。

本市公安、工商行政管理、财政、环境保护、土地、农业、水利、港航监督等部门，应当协同渔政监督管理机构实施本细则。

第二章 渔业的监督管理

第四条 本市对渔业的监督管理实行统一领导，分级管理：

（一）本市范围内的长江、黄浦江水域的渔业监督管理，由市渔政监督管理机构负责。

（二）县（区）范围内的江河、湖泊、滩涂及精养鱼塘等水域的渔业监督管理，由县（区）渔政监督管理机构负责。

（三）乡（镇）范围内的园沟宅河、池塘等小型水域的渔业监督管理，由乡（镇）人民政府或者所属乡（镇）渔政监督管理机构负责。

（四）本市范围内跨县（区）水域的渔业监督管理，由有关县（区）渔政监督管理机构协商制定管理办法；跨省市水域的渔业监督管理，由市（县）渔政监督管理机构与有关省（县）渔政监督管理机构协商制定管理办法。

第五条 本市各级人民政府应当根据《规定》，确定渔业水域养殖使用权，发给养殖使用证：

（一）凡在县（区）范围内的江河、湖泊、滩涂和精养鱼塘等渔业水域进行养殖生产的，由养殖单位或者个人向所在乡（镇）人民政府或者所属渔政监督管理机构提出申请，经同意后交县（区）渔政监督管理机构审核，由县（区）人民政府批准，发给养殖使用证。

（二）凡在乡（镇）范围内的园沟宅河、池塘等小型渔业水域进行养殖生产的，由养殖单位或者个人向乡（镇）人民政府或者所属渔政监督管理机构提出申请，经审核同意后，由乡（镇）人民政府发给养殖使用证。

（三）凡利用跨县（区）渔业水域进行养殖生产的，由养殖单位或者个人向有关县（区）渔政监督管理机构分别提出申请，经审核同意后，由有关县（区）人民政府联合签发养殖使用证。

（四）凡在市属国有水产养殖场的渔业水域进行养殖生产的，由使用单位向所在县（区）渔政监督管理机构提出申请，经审核同意后，由所在县（区）人民政府发给养殖使用证。

《渔业法》对全民所有水域的养殖许可有特别规定的，从其规定。

养殖使用证由市渔业行政主管部门统一印制。

第六条 填没属市管商品鱼生产基地的精养鱼塘，由填没单位向所在县（区）渔业行政主管部门提出申请，经审核后，报市渔业行政主管部门批准。填没其他精养鱼塘等渔业水域，由填没单位向所在县（区）渔业行政主管部门提出申请，报县（区）人民政府批准。批准填没精养鱼塘的文书，由批准单位同时抄送县（区）土地管理部门备案。

填没精养鱼塘应当一次性支付各项补偿费、安置补助费和鱼塘开发费用。

征收属市管商品鱼生产基地的精养鱼塘，须经市渔业行政主管部门同意；征收其他精养鱼塘等渔业水域，须经县（区）渔业行政主管部门同意后，报县（区）人民政府批准。

征收精养鱼塘的，应当依照国家《土地管理法》和本市征收土地的有关规定支付税、费，并一次性支付各项补偿费、安置补助费和鱼塘开发费用。

回收的鱼塘开发费用，应当纳入国家预算管理，作为专项资金，由渔业行政主管部门用于今后的商品鱼生产基地建设。

第七条　凡在自己的养殖水域外从事捕捞作业的，均应当向当地渔业行政主管部门提出申请，经县（区）以上渔业行政主管部门批准、领得捕捞许可证后，方准进行捕捞作业：

（一）在本市范围内的长江、黄浦江渔业水域从事捕捞作业的，由市渔业行政主管部门核发捕捞许可证。

（二）在县（区）范围内的江河、湖泊、滩涂等渔业水域从事捕捞作业的，由县（区）渔业行政主管部门核发捕捞许可证。

（三）外省市渔民在本市管辖的渔业水域内从事捕捞作业的，由本市县（区）以上渔业行政主管部门依照渔业水域管理权限，核发专项（特许）捕捞许可证。县（区）核发的专项（特许）捕捞许可证，应当按季度报市渔业行政主管部门备案。

第八条　非渔业生产单位和个人，不得从事捕捞作业。科研、教学等部门因工作需要从事捕捞作业的，需报市渔业行政主管部门批准。

第九条　凡在本市渔业水域内从事捕捞作业的单位和个人，均应当依照《上海市渔业资源增殖保护费征收使用实施办法》缴纳渔业资源增殖保护费。

各级渔政监督管理机构应当按照《上海市渔业资源增殖保护费征收使用实施办法》征收渔业资源增殖保护费，并按规定管理、使用、上缴。

第十条　各级渔业行政主管部门在核发捕捞许可证时，应当注明作业类型、场所、时限和渔具数量。

第十一条　养殖使用证和捕捞许可证不得涂改、买卖、出租或者以其他形式非法转让。

第十二条　未经许可，不得在增殖渔业水域和他人的养殖渔业水域内垂钓。

第十三条 在河道或者航道等渔业水域内进行养殖生产和捕捞作业的，还必须遵守水利和航道管理的有关规定。

第三章 渔业资源保护

第十四条 市、县（区）渔业行政主管部门对鱼、虾、蟹、贝类等重要的产卵场、越冬场、幼体成育场及其主要洄游通道，可以视不同情况，制定禁渔区、禁渔期、各类网具的最小网目尺寸以及其他保护渔业资源的措施。

为保护渔业资源，保障水利工程安全，县（区）以上渔政监督管理机构可以会同同级水利部门在河口、江海交汇处、滩涂和重要水利工程所在水域划定禁渔区。

第十五条 不得在禁渔区、禁渔期进行捕捞作业。

不得在通潮河道（包括闸口）敷设张网。经特许在水闸口敷设张网捕捞的，囊网网目尺寸不得小于4厘米，作业期为每年8月1日至31日和12月1日至次年2月底。

第十六条 对鳗苗、蟹苗资源应当实行限时限额捕捞，合理利用。捕捞期由市渔业行政主管部门根据当年季节、气候等情况制定发布。鳗苗、蟹苗的生产应当首先满足本市养殖的需要。

第十七条 取缔鱼鹰。禁止使用毒药（包括含毒农药）、爆炸物、石灰水等进行捕捞。对龙口网等作业方式应当严格限制。

第十八条 从事捕捞作业的单位和个人，都必须按起捕标准，捕大留小，保护渔业资源。起捕标准为：青鱼、草鱼700克以上；鲢鱼、鳙鱼300克以上；鲤鱼250克以上；鳊鱼150克以上；鲫鱼50克以上；河蟹50克以上。

第十九条 任何单位和个人不得擅自收购、代销在禁渔期、禁渔区捕捞的和不符合起捕标准的违禁渔获物。发现违禁渔获物时，应当及时报告渔政监督管理机构。

第四章　渔业水域的污染防治

第二十条 对排放污水（包括农田施用农药后的排水）、污染物，污染渔业水域而造成渔业损失的单位和个人，由渔政监督管理机构进行调查处理。

第二十一条 各级渔政监督管理机构应当协同环保部门对渔业水域污染的防治实施监督管理。渔业环境监测站应当对渔业水域的水质进行监测，并将结果及时向同级渔业行政主管部门及渔政监督管理机构报告，为处理污染渔业水域事故提供监测数据。

渔业环境监测站应当纳入本市环境监测网络。

第五章　渔政监督管理机构

第二十二条 市、县（区）渔业行政主管部门在重要渔业水域、渔港和渔业乡（镇）可以设置渔政监督管理机构或者派驻渔政检查员。

各县（区）群众性护渔组织，应当在当地渔政监督管理机构领导下，依法进行护渔管理工作。群众性护渔组织及其工作人员，不得行使行政处罚权。

上级渔政监督管理机构有权对下级渔政监督管理机构在渔政监督管理方面的重大问题进行协调或者作出决定。

第二十三条 渔政检查员由市渔业行政主管部门负责培训、考核。

市渔政检查员经市渔业行政主管部门考核后报国家渔业行政主管部门审批。县（区）渔政检查员由市渔业行政主管部门审批。

渔政检查员由负责审批的机关发给渔业行政执法证。

第二十四条 渔政检查员在执行任务时，应当着装整齐，佩戴国家规定的统一标志，并出示行政执法证件；群众性护渔人员在执勤时，应当佩戴县渔政监督管理机构制定的标志。

第六章 奖励和处罚

第二十五条 对保护水产资源有显著成绩的单位和个人，以及检举、制止破坏水产资源行为的有功人员，县（区）人民政府或者市渔业行政主管部门应当给予表彰、奖励。

第二十六条 违反《规定》及本细则，有下列行为之一的，由渔政监督管理机构进行处理：

（一）违反《规定》第十三条及本细则第六条，擅自填没、征收精养鱼塘等渔业水域的，责令其恢复原状，赔偿损失。

（二）违反《规定》第十四条第二款，捕杀鱼、虾、蟹、贝类等的苗种、幼体的，应当赔偿损失，没收其渔获物及捕捞工具，已出售的，追缴非法所得，并处以500元以下罚款。

（三）违反《规定》第二十三条及本细则第十二条，未经许可，进入养殖经营者的水域垂钓的，应当赔偿损失，由渔政监督管理机构追回渔获物；不听劝阻的，处以50元以下罚款。

违反本规定的其他行为，按照法律、法规和其他规章的规定处理。

第二十七条 对违反本细则第九条第一款，未按规定缴纳渔业资源增殖保护费的，渔政监督管理机构应当责令其限期补缴，并按日加收 0.5% 的滞纳金。

第二十八条 凡违反法律、法规而受到渔政监督管理机构行政处罚的单位和个人，应当及时履行处罚决定。

第二十九条 渔政监督管理机构对没收的渔获物和渔具、违法所得以及罚款等，均应当开具经市财政局批准的渔业行政主管部门统一印制的凭证，并进行登记，归入渔政档案。

对没收的渔获物，个人不得擅自处理，由渔政监督管理机构指定的部门收购。

罚没收入按规定上缴国库。

第三十条 渔政监督管理机构对正在进行的违反渔业法律、法规的行为，应当立即予以制止。

渔政监督管理机构作出处罚决定后，应当将处罚决定书送达当事人执行。

第三十一条 当事人对渔政监督管理机构作出的行政处罚决定不服的，可以依照《中华人民共和国行政复议法》或者《中华人民共和国行政诉讼法》的规定，申请行政复议或者提起行政诉讼。期满不申请复议、不起诉又不履行处罚决定的，由作出处罚决定的机关申请人民法院强制执行。

第七章 附 则

第三十二条 本细则所称"以上"、"以下"均包括本数。

第三十三条 本细则由上海市渔业行政主管部门负责解释。

第三十四条 本细则自 1993 年 10 月 1 日起施行。1987 年 5 月 5 日上海市人民政府发布的《上海市水产养殖保护规定实施细则》同时废止。

水产苗种管理办法

中华人民共和国农业部令

第 46 号

《水产苗种管理办法》已经 2004 年 12 月 21 日农业部第 37 次常务会议修订通过,现将修订后的《水产苗种管理办法》公布,自 2005 年 4 月 1 日起施行。

2005 年 1 月 5 日

第一章　总　则

第一条　为保护和合理利用水产种质资源,加强水产品种选育和苗种生产、经营、进出口管理,提高水产苗种质量,维护水产苗种生产者、经营者和使用者的合法权益,促进水产养殖业持续健康发展,根据《中华人民共和国渔业法》及有关法律法规,制定本办法。

第二条　本办法所称的水产苗种包括用于繁育、增养殖（栽培）生产和科研试验、观赏的水产动植物的亲本、稚体、幼体、受精卵、孢子及其遗传育种材料。

第三条　在中华人民共和国境内从事水产种质资源开发利用，品种选育、培育，水产苗种生产、经营、管理、进口、出口活动的单位和个人，应当遵守本办法。

珍稀、濒危水生野生动植物及其苗种的管理按有关法律法规的规定执行。

第四条　农业部负责全国水产种质资源和水产苗种管理工作。

县级以上地方人民政府渔业行政主管部门负责本行政区域内的水产种质资源和水产苗种管理工作。

第二章　种质资源保护和品种选育

第五条　国家有计划地搜集、整理、鉴定、保护、保存和合理利用水产种质资源。禁止任何单位和个人侵占和破坏水产种质资源。

第六条　国家保护水产种质资源及其生存环境，并在具有较高经济价值和遗传育种价值的水产种质资源的主要生长繁殖区域建立水产种质资源保护区。未经农业部批准，任何单位或者个人不得在水产种质资源保护区从事捕捞活动。

建设项目对水产种质资源产生不利影响的，依照《中华人民共和国渔业法》第三十五条的规定处理。

第七条　省级以上人民政府渔业行政主管部门根据水产增养殖生产发展的需要和自然条件及种质资源特点，合理布局和建设水产原、良种场。

国家级或省级原、良种场负责保存或选育种用遗传材料和亲本，向水产苗种繁育单位提供亲本。

第八条 用于杂交生产商品苗种的亲本必须是纯系群体。对可育的杂交种不得用作亲本繁育。

养殖可育的杂交个体和通过生物工程等技术改变遗传性状的个体及后代，其场所必须建立严格的隔离和防逃措施，禁止将其投放于河流、湖泊、水库、海域等自然水域。

第九条 国家鼓励和支持水产优良品种的选育、培育和推广。县级以上人民政府渔业行政主管部门应当有计划地组织科研、教学和生产单位选育、培育水产优良新品种。

第十条 农业部设立全国水产原种和良种审定委员会，对水产新品种进行审定。对审定合格的水产新品种，经农业部公告后方可推广。

第三章　生产经营管理

第十一条 单位和个人从事水产苗种生产，应当经县级以上地方人民政府渔业行政主管部门批准，取得水产苗种生产许可证。但是，渔业生产者自育、自用水产苗种的除外。

省级人民政府渔业行政主管部门负责水产原、良种场的水产苗种生产许可证的核发工作；其他水产苗种生产许可证发放权限由省级人民政府渔业行政主管部门规定。

水产苗种生产许可证由省级人民政府渔业行政主管部门统一印制。

第十二条 从事水产苗种生产的单位和个人应当具备下列条件：

（一）有固定的生产场地，水源充足，水质符合渔业用水标准；

（二）用于繁殖的亲本来源于原、良种场，质量符合种质标准；

（三）生产条件和设施符合水产苗种生产技术操作规程的要求；

（四）有与水产苗种生产和质量检验相适应的专业技术人员。

申请单位是水产原、良种场的，还应当符合农业部《水产原良种场生产管理规范》的要求。

第十三条 申请从事水产苗种生产的单位和个人应当填写水产苗种生产申请表，并提交证明其符合本办法第十二条规定条件的材料。

水产苗种生产申请表格式由省级人民政府渔业行政主管部门统一制订。

第十四条 县级以上地方人民政府渔业行政主管部门应当按照本办法第十一条第二款规定的审批权限，自受理申请之日起20日内对申请人提交的材料进行审查，并经现场考核后作出是否发放水产苗种生产许可证的决定。

第十五条 水产苗种生产单位和个人应当按照许可证规定的范围、种类等进行生产。需要变更生产范围、种类的，应当向原发证机关办理变更手续。

水产苗种生产许可证的许可有效期限为三年。期满需延期的，应当于期满三十日前向原发证机关提出申请，办理续展手续。

第十六条 水产苗种的生产应当遵守农业部制定的生产技术操作规程，保证苗种质量。

第十七条 县级以上人民政府渔业行政主管部门应当组织有关质量检验机构对辖区内苗种场的亲本和稚、幼体质量进行检验，检验不合格的，给予警告，限期整改；到期仍不合格的，由发证机关收回并注销水产苗种生产许可证。

第十八条 县级以上地方人民政府渔业行政主管部门应当加强对水产苗种的产地检疫。

国内异地引进水产苗种的，应当先到当地渔业行政主管部门办理检疫手续，经检疫合格后方可运输和销售。

检疫人员应当按照检疫规程实施检疫，对检疫合格的水产苗种出具检疫合格证明。

第十九条 禁止在水产苗种繁殖、栖息地从事采矿、挖沙、爆破、排放污水等破坏水域生态环境的活动。对水域环境造成污染的，依照《中华人民共和国水污染防治法》和《中华人民共和国海洋环境保护法》的有关规定处理。

在水生动物苗种主产区引水时，应当采取措施，保护苗种。

第四章 进出口管理

第二十条 单位和个人从事水产苗种进口和出口，应当经农业部或省级人民政府渔业行政主管部门批准。

第二十一条 农业部会同国务院有关部门制定水产苗种进

口名录和出口名录，并定期公布。

水产苗种进口名录和出口名录分为Ⅰ、Ⅱ、Ⅲ类。列入进口名录Ⅰ类的水产苗种不得进口，列入出口名录Ⅰ类的水产苗种不得出口；列入名录Ⅱ类的水产苗种以及未列入名录的水产苗种的进口、出口由农业部审批，列入名录Ⅲ类的水产苗种的进口、出口由省级人民政府渔业行政主管部门审批。

第二十二条 申请进口水产苗种的单位和个人应当提交以下材料：

（一）水产苗种进口申请表；

（二）水产苗种进口安全影响报告（包括对引进地区水域生态环境、生物种类的影响，进口水产苗种可能携带的病虫害及危害性等）；

（三）与境外签订的意向书、赠送协议书复印件；

（四）进口水产苗种所在国（地区）主管部门出具的产地证明；

（五）营业执照复印件。

第二十三条 进口未列入水产苗种进口名录的水产苗种的单位应当具备以下条件：

（一）具有完整的防逃、隔离设施，试验池面积不少于3公顷；

（二）具备一定的科研力量，具有从事种质、疾病及生态研究的中高级技术人员；

（三）具备开展种质检测、疫病检疫以及水质检测工作的基本仪器设备。

进口未列入水产苗种进口名录的水产苗种的单位，除按第

二十二条的规定提供材料外,还应当提供以下材料:

(一)进口水产苗种所在国家或地区的相关资料:包括进口水产苗种的分类地位、生物学性状、遗传特性、经济性状及开发利用现状,栖息水域及该地区的气候特点、水域生态条件等;

(二)进口水产苗种人工繁殖、养殖情况;

(三)进口国家或地区水产苗种疫病发生情况。

第二十四条 申请出口水产苗种的单位和个人应提交水产苗种出口申请表。

第二十五条 进出口水产苗种的单位和个人应当向省级人民政府渔业行政主管部门提出申请。省级人民政府渔业行政主管部门应当自申请受理之日起15日内对进出口水产苗种的申报材料进行审查核实,按审批权限直接审批或初步审查后将审查意见和全部材料报农业部审批。

省级人民政府渔业行政主管部门应当将其审批的水产苗种进出口情况,在每年年底前报农业部备案。

第二十六条 农业部收到省级人民政府渔业行政主管部门报送的材料后,对申请进口水产苗种的,在5日内委托全国水产原种和良种审定委员会组织专家对申请进口的水产苗种进行安全影响评估,并在收到安全影响评估报告后15日内作出是否同意进口的决定;对申请出口水产苗种的,应当在10日内作出是否同意出口的决定。

第二十七条 申请水产苗种进出口的单位或个人应当凭农业部或省级人民政府渔业行政主管部门批准的水产苗种进出口审批表办理进出口手续。

水产苗种进出口申请表、审批表格式由农业部统一制定。

第二十八条　进口、出口水产苗种应当实施检疫，防止病害传入境内和传出境外，具体检疫工作按照《中华人民共和国进出境动植物检疫法》等法律法规的规定执行。

　　第二十九条　水产苗种进口实行属地监管。

　　进口单位和个人在进口水产苗种经出入境检验检疫机构检疫合格后，应当立即向所在地省级人民政府渔业行政主管部门报告，由所在地省级人民政府渔业行政主管部门或其委托的县级以上地方人民政府渔业行政主管部门具体负责入境后的监督检查。

　　第三十条　进口未列入水产苗种进口名录的水产苗种的，进口单位和个人应当在该水产苗种经出入境检验检疫机构检疫合格后，设置专门场所进行试养，特殊情况下应在农业部指定的场所进行。

　　试养期间一般为进口水产苗种的一个繁殖周期。试养期间，农业部不再批准该水产苗种的进口，进口单位不得向试养场所外扩散该试养苗种。

　　试养期满后的水产苗种应当经过全国水产原种和良种审定委员会审定、农业部公告后方可推广。

　　第三十一条　进口水产苗种投放于河流、湖泊、水库、海域等自然水域要严格遵守有关外来物种管理规定。

第五章　附　则

　　第三十二条　本办法所用术语的含义：

　　（一）原种：指取自模式种采集水域或取自其他天然水域的

野生水生动植物种,以及用于选育的原始亲体。

(二)良种:指生长快、品质好、抗逆性强、性状稳定和适应一定地区自然条件,并适用于增养殖(栽培)生产的水产动植物种。

(三)杂交种:指将不同种、亚种、品种的水产动植物进行杂交获得的后代。

(四)品种:指经人工选育成的,遗传性状稳定,并具有不同于原种或同种内其他群体的优良经济性状的水生动植物。

(五)稚、幼体:指从孵出后至性成熟之前这一阶段的个体。

(六)亲本:指已达性成熟年龄的个体。

第三十三条 违反本办法的规定应当给予处罚的,依照《中华人民共和国渔业法》等法律法规的有关规定给予处罚。

第三十四条 转基因水产苗种的选育、培育、生产、经营和进出口管理,应当同时遵守《农业转基因生物安全管理条例》及国家其他有关规定。

第三十五条 本办法自2005年4月1日起施行。

附 录

水产种质资源保护区管理暂行办法

中华人民共和国农业部令

2011 年第 1 号

《水产种质资源保护区管理暂行办法》已于 2010 年 12 月 30 日经农业部第 12 次常务会议审议通过，现予公布，自 2011 年 3 月 1 日起施行。

二〇一一年一月五日

第一章 总 则

第一条 为规范水产种质资源保护区的设立和管理，加强水产种质资源保护，根据《渔业法》等有关法律法规，制定本办法。

第二条 本办法所称水产种质资源保护区，是指为保护水产种质资源及其生存环境，在具有较高经济价值和遗传育种价值的水产种质资源的主要生长繁育区域，依法划定并予以特殊保护和管理的水域、滩涂及其毗邻的岛礁、陆域。

第三条 在中华人民共和国领域和中华人民共和国管辖的其他水域内设立和管理水产种质资源保护区，从事涉及水产种质资源保护区的有关活动,应当遵守本办法。

第四条 农业部主管全国水产种质资源保护区工作。

县级以上地方人民政府渔业行政主管部门负责辖区内水产种质资源保护区工作。

第五条 农业部组织省级人民政府渔业行政主管部门制定全国水产种质资源保护区总体规划,加强水产种质资源保护区建设。

省级人民政府渔业行政主管部门应当根据全国水产种质资源保护区总体规划,科学制定本行政区域内水产种质资源保护区具体实施计划,并组织落实。

渔业行政主管部门应当积极争取各级人民政府支持,加大水产种质资源保护区建设和管理投入。

第六条 对破坏、侵占水产种质资源保护区的行为,任何单位和个人都有权向渔业行政主管部门或者其所属的渔政监督管理机构、水产种质资源保护区管理机构举报。接到举报的渔业行政主管部门或机构应当依法调查处理,并将处理结果告知举报人。

第二章 水产种质资源保护区设立

第七条 下列区域应当设立水产种质资源保护区:

(一)国家和地方规定的重点保护水生生物物种的主要生长繁育区域;

(二)我国特有或者地方特有水产种质资源的主要生长繁育区域;

(三)重要水产养殖对象的原种、苗种的主要天然生长繁育区域;

(四)其他具有较高经济价值和遗传育种价值的水产种质资

源的主要生长繁育区域。

第八条 水产种质资源保护区分为国家级水产种质资源保护区和省级水产种质资源保护区。根据保护对象资源状况、自然环境及保护需要，水产种质资源保护区可以划分为核心区和实验区。

农业部和省级人民政府渔业行政主管部门分别设立国家级和省级水产种质资源保护区评审委员会，对申报的水产种质资源保护区进行评审。

水产种质资源保护区评审委员会应当由渔业、环保、水利、交通、海洋、生物保护等方面的专家组成。

第九条 设立省级水产种质资源保护区，由县、市级人民政府渔业行政主管部门征得本级人民政府同意后，向省级人民政府渔业行政主管部门申报。经省级水产种质资源保护区评审委员会评审后，由省级人民政府渔业行政主管部门批准设立，并公布水产种质资源保护区的名称、位置、范围和主要保护对象等内容。

省级人民政府渔业行政主管部门可以根据需要直接设立省级水产种质资源保护区。

第十条 符合条件的省级水产种质资源保护区，可以由省级人民政府渔业行政主管部门向农业部申报国家级水产种质资源保护区，经国家级水产种质资源保护区评审委员会评审后，由农业部批准设立，并公布水产种质资源保护区的名称、位置、范围和主要保护对象等内容。

农业部可以根据需要直接设立国家级水产种质资源保护区。

第十一条 拟设立的水产种质资源保护区跨行政区域或者管辖水域的，由相关区域地方人民政府渔业行政主管部门协商后共同申报或者由其共同上级渔业主管部门申报，按照本办法

第九条、第十条规定的程序审批。

第十二条 申报设立水产种质资源保护区,应当提交以下材料:

(一)申报书,主要包括保护区的主要保护对象、保护价值、区域范围、管理机构、管理基础等;

(二)综合考察报告,主要包括保护物种资源、生态环境、社会经济状况、保护区管理条件和综合评价等;

(三)保护区规划方案,包括规划目标、规划内容(含核心区和实验区划分情况)等;

(四)保护区大比例尺地图等其他必要材料。

第十三条 水产种质资源保护区按照下列方式命名:

(一)国家级水产种质资源保护区:水产种质资源保护区所在区域名称+保护对象名称+"国家级水产种质资源保护区"。

(二)省级水产种质资源保护区:水产种质资源保护区所在区域名称+保护对象名称+"省级水产种质资源保护区"。

(三)具有多种重要保护对象或者具有重要生态功能的水产种质资源保护区:水产种质资源保护区所在区域名称+"国家级水产种质资源保护区"或者"省级水产种质资源保护区"。

(四)主要保护物种属于地方或水域特有种类的保护区:水产种质资源保护区所在区域名称+"特有鱼类"+"国家级水产种质资源保护区"或者"省级水产种质资源保护区"。

第三章 水产种质资源保护区管理

第十四条 经批准设立的水产种质资源保护区由所在地县级以上人民政府渔业行政主管部门管理。

县级以上人民政府渔业行政主管部门应当明确水产种质资源保护区的管理机构，配备必要的管理、执法和技术人员以及相应的设备设施，负责水产种质资源保护区的管理工作。

第十五条 水产种质资源保护区管理机构的主要职责包括：

（一）制定水产种质资源保护区具体管理制度；

（二）设置和维护水产种质资源保护区界碑、标志物及有关保护设施；

（三）开展水生生物资源及其生存环境的调查监测、资源养护和生态修复等工作；

（四）救护伤病、搁浅、误捕的保护物种；

（五）开展水产种质资源保护的宣传教育；

（六）依法开展渔政执法工作；

（七）依法调查处理影响保护区功能的事件，及时向渔业行政主管部门报告重大事项。

第十六条 农业部和省级人民政府渔业行政主管部门应当分别针对国家级和省级水产种质资源保护区主要保护对象的繁殖期、幼体生长期等生长繁育关键阶段设定特别保护期。特别保护期内不得从事捕捞、爆破作业以及其他可能对保护区内生物资源和生态环境造成损害的活动。

特别保护期外从事捕捞活动，应当遵守《渔业法》及有关法律法规的规定。

第十七条 在水产种质资源保护区内从事修建水利工程、疏浚航道、建闸筑坝、勘探和开采矿产资源、港口建设等工程建设的，或者在水产种质资源保护区外从事可能损害保护区功能的工程建设活动的，应当按照国家有关规定编制建设项目对水产种质资源保护区的影响专题论证报告，并将其纳入环境影响评价报告书。

第十八条 省级以上人民政府渔业行政主管部门应当依法参与涉及水产种质资源保护区的建设项目环境影响评价，组织专家审查建设项目对水产种质资源保护区的影响专题论证报告，并根据审查结论向建设单位和环境影响评价主管部门出具意见。

建设单位应当将渔业行政主管部门的意见纳入环境影响评价报告书，并根据渔业行政主管部门意见采取有关保护措施。

第十九条 单位和个人在水产种质资源保护区内从事水生生物资源调查、科学研究、教学实习、参观游览、影视拍摄等活动，应当遵守有关法律法规和保护区管理制度，不得损害水产种质资源及其生存环境。

第二十条 禁止在水产种质资源保护区内从事围湖造田、围海造地或围填海工程。

第二十一条 禁止在水产种质资源保护区内新建排污口。

在水产种质资源保护区附近新建、改建、扩建排污口，应当保证保护区水体不受污染。

第二十二条 水产种质资源保护区的撤销、调整，按照设立程序办理。

第二十三条 单位和个人违反本办法规定，对水产种质资源保护区内的水产种质资源及其生存环境造成损害的，由县级以上人民政府渔业行政主管部门或者其所属的渔政监督管理机构、水产种质资源保护区管理机构依法处理。

第四章 附 则

第二十四条 省级人民政府渔业行政主管部门可以根据本办法制定实施细则。

第二十五条 本办法自 2011 年 3 月 1 日起施行。

水生生物增殖放流管理规定

中华人民共和国农业部令
第20号

《水生生物增殖放流管理规定》已经2009年3月20日农业部第4次常务会议审议通过，现予发布，自2009年5月1日起施行。

农业部部长
二〇〇九年三月二十四日

第一条 为规范水生生物增殖放流活动，科学养护水生生物资源，维护生物多样性和水域生态安全，促进渔业可持续健康发展，根据《中华人民共和国渔业法》、《中华人民共和国野生动物保护法》等法律法规，制定本规定。

第二条 本规定所称水生生物增殖放流，是指采用放流、底播、移植等人工方式向海洋、江河、湖泊、水库等公共水域投放亲体、苗种等活体水生生物的活动。

第三条 在中华人民共和国管辖水域内进行水生生物增殖放流活动，应当遵守本规定。

第四条 农业部主管全国水生生物增殖放流工作。

县级以上地方人民政府渔业行政主管部门负责本行政区域内水生生物增殖放流的组织、协调与监督管理。

第五条 各级渔业行政主管部门应当加大对水生生物增殖放流的投入,积极引导、鼓励社会资金支持水生生物资源养护和增殖放流事业。

水生生物增殖放流专项资金应专款专用,并遵守有关管理规定。渔业行政主管部门使用社会资金用于增殖放流的,应当向社会、出资人公开资金使用情况。

第六条 县级以上人民政府渔业行政主管部门应当积极开展水生生物资源养护与增殖放流的宣传教育,提高公民养护水生生物资源、保护生态环境的意识。

第七条 县级以上人民政府渔业行政主管部门应当鼓励单位、个人及社会各界通过认购放流苗种、捐助资金、参加志愿者活动等多种途径和方式参与、开展水生生物增殖放流活动。对于贡献突出的单位和个人,应当采取适当方式给予宣传和鼓励。

第八条 县级以上地方人民政府渔业行政主管部门应当制定本行政区域内的水生生物增殖放流规划,并报上一级渔业行政主管部门备案。

第九条 用于增殖放流的人工繁殖的水生生物物种,应当来自有资质的生产单位。其中,属于经济物种的,应当来自持有《水产苗种生产许可证》的苗种生产单位;属于珍稀、濒危物种的,应当来自持有《水生野生动物驯养繁殖许可证》的苗种生产单位。

渔业行政主管部门应当按照"公开、公平、公正"的原则,依法通过招标或者议标的方式采购用于放流的水生生物或者确定苗种生产单位。

第十条 用于增殖放流的亲体、苗种等水生生物应当是本地种。苗种应当是本地种的原种或者子一代,确需放流其他苗种的,应当通过省级以上渔业行政主管部门组织的专家论证。

禁止使用外来种、杂交种、转基因种以及其他不符合生态要求的水生生物物种进行增殖放流。

第十一条 用于增殖放流的水生生物应当依法经检验检疫合格,确保健康无病害、无禁用药物残留。

第十二条 渔业行政主管部门组织开展增殖放流活动,应当公开进行,邀请渔民、有关科研单位和社会团体等方面的代表参加,并接受社会监督。

增殖放流的水生生物的种类、数量、规格等,应当向社会公示。

第十三条 单位和个人自行开展规模性水生生物增殖放流活动的,应当提前15日向当地县级以上地方人民政府渔业行政主管部门报告增殖放流的种类、数量、规格、时间和地点等事项,接受监督检查。

经审查符合本规定的增殖放流活动,县级以上地方人民政府渔业行政主管部门应当给予必要的支持和协助。

应当报告并接受监督检查的增殖放流活动的规模标准,由县级以上地方人民政府渔业行政主管部门根据本地区水生生物增殖放流规划确定。

第十四条 增殖放流应当遵守省级以上人民政府渔业行政主管部门制定的水生生物增殖放流技术规范,采取适当的放流方式,防止或者减轻对放流水生生物的损害。

第十五条 渔业行政主管部门应当在增殖放流水域采取划

定禁渔区、确定禁渔期等保护措施,加强增殖资源保护,确保增殖放流效果。

第十六条 渔业行政主管部门应当组织开展有关增殖放流的科研攻关和技术指导,并采取标志放流、跟踪监测和社会调查等措施对增殖放流效果进行评价。

第十七条 县级以上地方人民政府渔业行政主管部门应当将辖区内本年度水生生物增殖放流的种类、数量、规格、时间、地点、标志放流的数量及方法、资金来源及数量、放流活动等情况统计汇总,于11月底以前报上一级渔业行政主管部门备案。

第十八条 违反本规定的,依照《中华人民共和国渔业法》、《中华人民共和国野生动物保护法》等有关法律法规的规定处罚。

第十九条 本规定自2009年5月1日起施行。

水产种苗和病害防治补助费使用管理暂行办法

关于印发《水产种苗和病害防治补助费
使用管理暂行办法》的通知

财农字〔1999〕25号

省、自治区、直辖市财政厅（局）、水产厅（局）：

为了加强水产种苗培育，搞好水产病害防治，保证我国水产养殖业的持续、稳定发展，中央财政安排了水产种苗和病害防治补助经费。为管好、用好此项经费，特制定《水产种苗和病害防治补助费使用管理暂行办法》，现印发给你们，请遵照执行。

地方财政安排用于水产种苗和病害防治方面经费的使用管理，可参照本办法执行。

财政部　农业部
1999年4月7日

第一条 水产种苗和病害防治补助费是中央财政安排用于支持水产种苗培育和病害防治的专项补助经费。为了加强这项经费的使用管理，特制定本办法。

第二条 水产种苗培育和病害防治所需资金，按照"地方自筹为主，中央补助为辅"的原则筹集。

第三条 水产种苗和病害防治补助费的补助对象是各类从

事水产种苗繁育、水产养殖及病害防治单位。

第四条 水产种苗和病害防治补助费用于支持在一定区域内具有示范、引导作用的种苗培育和对水产养殖业发展有较大影响的病害防治。补助范围包括：

一、水产原（良）种的引种、选育、繁育；

二、名、特、优、新品种的试验、示范推广；

三、水产病害防治技术的示范和推广。

水产种苗和病害防治补助费不得用于人员机构经费、非种苗培育和病害防治方面的开支。

第五条 水产种苗和病害防治补助费必须按规定用途专款专用，严禁挪用和擅自扩大使用范围。

第六条 申请水产种苗和病害防治补助费的省（区、市），由省级财政部门、渔业主管部门联合向财政部、农业部申报。申报内容包括：申请项目的名称、建设内容、规模及实现目标；项目的实施计划、投资概算及资金筹措；项目的组织及落实措施；项目预计社会效益和经济效益等。水产种苗和病害防治补助费的分配方案，由财政部商农业部确定下达。

地方财政部门和渔业主管部门要保证水产种苗和病害防治补助费及时足额到位。

第七条 各级财政部门、渔业主管部门要加强对水产种苗和病害防治补助费使用情况的管理和监督。年度终了后，省级财政部门、渔业主管部门要及时向财政部、农业部上报资金使用情况总结。

第八条 本办法由财政部负责解释。

第九条 本办法自发布之日起执行。